Lovely 중국어

김재민·鄭彦野 지음

글로벌콘텐츠

　중국은 참 매력적인 나라입니다. 광활한 영토와 긴 역사에 걸맞는 풍부한 문화는 우리들의 눈길을 붙잡고 때로는 함께 하고픈 마음도 갖게 합니다. 그들의 언어인 중국어 또한 독특한 성조에 기인하는 리듬감과 한자 특유의 함축성과 예술성으로 '중국어 회화 열풍'이라는 현상을 만들기도 했습니다. 중국어를 배운다는 것은 중국인 혹은 그 문화권에 속해 있는 사람과 소통함이 목적입니다. 그래서인지 중국어 회화를 돕기 위한 도서들은 다양한 형태로 존재하고 있습니다. 그들의 문화를 통해 소통하려 하거나, 일상생활 용어를 배우고 익히며 접근하거나, 혹은 중국 사회·경제 분야의 지식을 습득하면서 언어까지 같이 익히는 등 많은 양상으로 변화·발전되고 있습니다.

　본 교재의 출발점은 중국어를 공부하는 학습자들이 회화만을 위한 공부가 아니라 궁극적인 소통의 근본인 문장의 정확한 이해와 독해를 기반으로 하는 접근이 우선해야 된다는 작은 소신에서입니다. 본 교재는 독해를 위한 기초 강독서입니다. 1과부터 15과까지 남녀 주인공의 만남을 시작으로 그들이 겪을 수 있는 대학생활을 소재로 하고 있기 때문에 마치 한편의 단편 영화를 보는 듯한 느낌을 받을 수도 있습니다. 구체적인 표현과 장면 하나하나가 실제 생활에 치중되어 있어 초급 수준과 중급 수준의 회화 학습자에게도 충분히 도움이 될 수 있습니다.

　본 교재의 큰 특징이라고 한다면 본문의 내용이 그다지 길진 않지만 충분한 어법설명과 다양한 형태의 연습문제를 통해 반복학습의 효과를 극대화 시킬 수 있다는 점입니다.

　부디 본 교재가 중국어 학습자들이 단순히 중국말을 배운다는 개념을 떠나 중국어를 자신의 언어로 터득해서 그 매력을 진정으로 느낄 수 있도록 하는 작은 디딤돌이 되기를 바랍니다.

　끝으로 이 책의 출판을 허락해 주신 글로벌콘텐츠의 홍정표 사장님과 편집부 여러분께 고마움을 전합니다.

1 일러두기

▶ 본 교재는 중국어 발음만 익힌 초급 학습자라면 누구나 쉽게 접할 수 있는 내용으로 반복과 실천학습에 주안점을 두었으며, 총 800~1000 단어로 구성되어 있다.

▶ 초급 학습자를 위하여 모든 중국어본문 및 어법설명 등에는 한어병음을 달아 놓았고 암기 학습에 도움이 되도록 하였다.

▶ 한어병음 표기는 『現代漢語詞典』을 참조하였다. 특히 '一, 七, 八, 不'의 경우에는 읽기의 수월함을 위해 변화된 성조로 표시하였다.
예) 不是 bù shì → 不是 bú shì

▶ 고유명사 표기는 우리나라에서 사용하는 한자의 음(音)을 그대로 적었다.

2 본문 구성

▶ "어법설명"은 본문에서 따로 색자(色字)로 표시해 두었고, 예문을 들어가며 설명을 하여 반복적인 학습을 통해 쉽게 기억되도록 했다.

▶ 각 과의 내용을 확인하는 "연습문제"는 다섯 부분으로 나누었다. (1), (2)는 본문 내용의 정확한 파악과 한자를 적어 보는데 주안점을 두었다. (3)의 "성격이 다른 단어의 선택"문제는 학생 스스로 사전을 찾아 익히도록 하여 능동적인 학습 능력을 양성하는데 도움이 되도록 했다. (4)의 "순서에 맞게 나열"하는 문제는 어법학습을 강화하도록 했다. (5)는 학습자 스스로 문장을 완성하여 스스로 체크해 보고 바르게 읽어 보도록 했다.

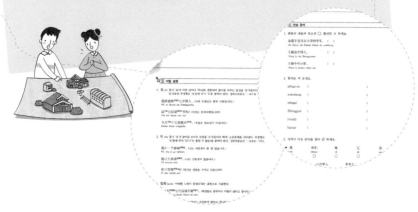

▶ "자주쓰는 표현"은 일상생활에 자주 사용하는 낱말이나 단문(短文)을 제시하여 실생활에서도 수시로 활용할 수 있도록 하였다.

▶ "회화 Plus"부분은 본문 내용의 확장으로 비교적 난이도를 낮추어 학습자간의 상호 대화 연습에 주안점을 두었다.

▶ "어휘 Plus"는 어휘를 늘이기 위한 학습으로 학습자가 스스로 배우고 익힐 수 있도록 했다.

▶ 권말에는 매 과의 Test를 두어 문제를 풀어보고 잘못된 부분을 다시 한 번 짚어 볼 수 있도록 했으며 정답을 확인 할 수 있도록 답안도 실어 두었다. 또한 중국어본문에 대한 이해를 돕기 위하여 한국어 해석을 두었으며, 직역을 위주로 하였으나 직역한 우리말이 지나치게 어색한 경우에는 의역을 하였다.

contents

• 读

• 试

• 解

第一课 新朋友

我是韩国首尔大学经营系一年级的学生，名字叫金建宇，今
Wǒ shì Hánguó Shǒu'ěr Dàxué Jīngyíngxì yī niánjí de xuésheng, míngzi jiào Jīn Jiànyǔ, jīn

年19岁。我有一个新朋友，她叫王丽，是中国人。她是北京大学
nián shíjiǔ suì. Wǒ yǒu yí ge xīn péngyou, tā jiào Wáng Lì, shì Zhōngguórén. Tā shì Běijīng Dàxué

来的交换学生。我们认识不久，我觉得她是个不错的女孩子。
lái de jiāohuàn xuésheng. Wǒmen rènshi bù jiǔ, wǒ juéde tā shì ge búcuò de nǚháizi.

단어

第 dì [접두] 제 ☞ 수사 앞에 쓰여 순서를 나타냄
一 yī [수] 1, 하나
课 kè [양] 과 ☞ 교재의 단락
新 xīn [형] 새로운, 새롭다
朋友 péngyou [명] 친구
我 wǒ [대] 나
是 shì [동] ~이다
年级 niánjí [명] 학년
学生 xuésheng [명] 학생
名字 míngzi [명] 이름
叫 jiào [동] (~라고) 부르다
今年 jīnnián [명] 올해
19 shíjiǔ [수] 19, 열아홉
岁 suì [양] 살, 세 ☞ 나이를 세는 양사

有 yǒu [동] 있다, 가지고 있다
个 gè [양] 개, 사람, 명
　　　☞ 전용양사가 없는 사물에 널리 쓰임
她 tā [대] 그녀
人 rén [명] 사람
来 lái [동] 오다
的 de [조] ~의
交换 jiāohuàn [명][동] 교환(하다)
认识 rènshi [동] 알다
不 bù [부] 아니다, ~않다
久 jiǔ [형] 오래다, (시간이) 길다
觉得 juéde [동] ~라고 느끼다, ~라고 여기다
不错 búcuò [형] 괜찮다, 좋다
女孩子 nǚháizi [명] 여자 아이, 소녀

고유명사

韩国 Hánguó 한국
首尔大学 Shǒuěr Dàxué 서울대학교
经营系 Jīngyíngxì 경영학과
金建宇 Jīn Jiànyǔ 김건우

王丽 Wáng Lì 왕려
中国 Zhōngguó 중국
北京大学 Běijīng Dàxué 북경대학교

기타

页 yè [명] (책·장부 등의) 면, 페이지
, (逗号) dòuhào [명] 콤마(comma), 반점 ☞ 문장 가운데 쓰여 쉼을 나타냄
。(句号) jùhào [명] 마침표, 고리점 ☞ 문장의 끝에 쓰여 서술의 어투나 약화된 감탄의 어투를 나타냄

어법 설명

1. 是 shì 동사 '是'가 다른 단어나 구[句]와 결합되어 술어를 이루는 문장을 '是'자문이라 한다. '是'자문의 부정형은 '是'앞에 부사 '不'를 붙여야 한다. 정반의문문은 '…是不是…'이다.

    我的老师^{선생님}是中国人。(나의 선생님은 중국 사람입니다.)
    Wǒ de lǎoshī shì Zhōngguórén.

    这^{이것}是汉语^{중국어}书吗? (이것은 중국어책입니까?)
    Zhè shì hànyǔ shū ma?

    今天^{오늘}不是星期天^{일요일}。(오늘은 일요일이 아닙니다.)
    Jīntiān búshì xīngqītiān.

2. 有 yǒu 동사 '有'가 술어로 쓰이는 문장을 '有'자문이라 하며, 소유관계를 나타낸다. 부정형은 '有'앞에 부사 '没'('不'는 붙일 수 없음)를 붙여야 한다. 정반의문문은 '…有没有…'이다.

    我有一个妹妹^{여동생}。(나는 여동생이 한 명 있습니다.)
    Wǒ yǒu yí ge mèimei.

    他没有弟弟^{남동생}。(그는 남동생이 없습니다.)
    Tā méiyǒu dìdi.

    你有铅笔^{연필}吗? (당신은 연필을 가지고 있습니까?)
    Nǐ yǒu qiānbǐ ma?

3. 觉得 juéde '어떠한 느낌이 들었다'라는 표현으로 사용한다.

    学生们^{학생들}觉得汉语不难^{어렵다}。(학생들은 중국어가 어렵지 않다고 합니다.)
    Xuéshengmen juéde hànyǔ bù nán.

    妈妈觉得不累^{피곤하다}。(엄마는 피곤하지 않다고 합니다.)
    Māma juéde bú lèi.

    你觉得我们学校好吗? (우리 학교가 좋다고 느낍니까?)
    Nǐ juéde wǒmen xuéxiào hǎo ma?

연습 문제

1. 본문의 내용과 맞으면 ○, 틀리면 ✕ 하세요.

金建宇是首尔大学的学生。　(　)
Jīn Jiànyǔ shì Shǒuěr Dàxué de xuésheng.

王丽是中国人。　　　　　(　)
Wáng Lì shì Zhōngguórén.

王丽今年19岁。　　　　　(　)
Wáng Lì jīnnián shíjiǔ suì.

2. 한자로 써 보세요.

péngyou 　　(　　　　　　　　　　　　　)

xuésheng 　　(　　　　　　　　　　　　　)

míngzi 　　(　　　　　　　　　　　　　)

Zhōngguó 　　(　　　　　　　　　　　　　)

rènshi 　　(　　　　　　　　　　　　　)

búcuò 　　(　　　　　　　　　　　　　)

3. 성격이 다른 단어를 찾아 ☑ 하세요.

◆ 我　　　　你们　　　　她　　　　它　　　　您
　 wǒ　　　　nǐmen　　　 tā　　　　tā　　　　nín
　 ☐　　　　　☐　　　　　☐　　　　☐　　　　☐
　 TIP 单数 dānshù

◆ 三十八　　　　六百零九　　　　零零七　　　　八千八
　 sānshíbā　　　 liùbǎilíngjiǔ　　 línglíngqī　　　 bāqiānbā
　 ☐　　　　　　　☐　　　　　　　☐　　　　　　☐
　 TIP 自然数 zìránshù

◆ 北京　　　　　　日本　　　　　　首尔　　　　　　上海
　 běijīng　　　　　rìběn　　　　　shǒuěr　　　　　shànghǎi
　 □　　　　　　　□　　　　　　　□　　　　　　　□

TIP 城市 chéngshì

◆ 金大中　　　　　毛泽东　　　　　马大哈　　　　　张娜拉
　 jīndàzhōng　　　máozédōng　　　mǎdàhā　　　　zhāngnàlā
　 □　　　　　　　□　　　　　　　□　　　　　　　□

TIP 人名 rénmíng

4. 순서에 맞게 나열하세요.

◆ 日本人　不　我　是　　　→ (　　　　　　　　　　　　　)

◆ 有　好朋友　没有　你　　→ (　　　　　　　　　　　　　)

◆ 觉得　好吃　我　巧克力　很 → (　　　　　　　　　　　　)

5. 빈칸을 채우고, ( )안의 원하는 단어를 선택하여 문장을 완성하세요.

　　我的同桌 tóng zhuō, 짝궁 叫_____, 今年_____岁, (是 / 不是)韩国人。我今天认

识了(她 / 他)。我对 duì, ~에게 (她 / 他)说: ("你好吗?" / "你好!")

자주 쓰는 표현

你好! Nǐ hǎo! (안녕! / 안녕하세요.)
　일상적으로 쓰이는 안부를 묻는 인사이다. 시간·장소·신분에 관계없이 항상 쓰일 수 있
다. 제3성 음절이 연이어 나와 쉬지 않고 읽을 때는 앞에 나오는 음절을 제2성으로 읽는
다. 즉 'Nǐ hǎo'를 읽으면 실제로는 'Ní hǎo'라고 발음되며 성조부호는 제3성을 그대로
쓴다. 상대방도 '你好! Nǐ hǎo!'로 대답한다.

你好吗? Nǐ hǎo ma? (어떻게 지내십니까?)
　일반적으로 이미 알고 있는 사람에게 사용한다. 상대방은 주로 '我很好。Wǒ hěn hǎo.'로
대답한다.

谢谢! Xièxie! (감사합니다. / 고맙습니다.)

再见! Zàijiàn! (안녕! / 안녕히 가세요[계세요].)
　다시 만날 기일을 말하지 않고 헤어질 때 쓴다.

회화 PLUS

CHOICE >>>

A: 你是不是中国人?
　　Nǐ shì bu shì Zhōngguórén?
B: 是, 我是中国人。／不是, 我是韩国人。
　　Shì, wǒ shì Zhōngguórén / Búshì, wǒ shì Hánguórén.

A: 你的学校叫什么名字?
　　Nǐ de xuéxiào jiào shénme míngzi?
B: 我的学校叫(首尔大学／北京大学)。
　　Wǒ de xuéxiào jiào (Shǒuěr Dàxué / Běijīng Dàxué).

A: 你的学校有中国老师吗?
　　Nǐ de xuéxiào yǒu Zhōngguó lǎoshī ma?
B: 有。我的学校有中国老师。
　　Yǒu. Wǒ de xuéxiào yǒu Zhōngguó lǎoshī.
　　／没有。我的学校没有中国老师。
　　/ Méiyǒu. Wǒ de xuéxiào méiyǒu Zhōngguó lǎoshī.

DIALOGUE >>>

金建宇: 你好! 我叫金建宇。你呢?
Jīn Jiànyǔ: Nǐ hǎo! Wǒ jiào Jīn Jiànyǔ. Nǐ ne?
王丽:　　 你好! 我叫王丽。
Wáng Lì:　Nǐ hǎo! Wǒ jiào Wáng Lì.

金建宇: 认识你很高兴기쁘다。
Jīn Jiànyǔ: Rènshi nǐ hěn gāoxìng.
王丽:　　 我也~도是。
Wáng Lì:　Wǒ yě　shì.

?(问号) wènhào [명] 물음표 ☞ 문장의 끝에 쓰여 의문의 어투를 나타냄

15

【숫자】

零 líng 0	一 yī 1	二 èr 2	三 sān 3	四 sì 4	五 wǔ 5	六 liù 6
七 qī 7	八 bā 8	九 jiǔ 9	十 shí 10	一百 yì bǎi 100	一千 yì qiān 1000	一万 yí wàn 10000

【一·七·八·不의 발음 시 성조 변화】

	성조 표시	중국어	변화 전	변화 후	뜻	설명
一	yī	一天	yī tiān	yì tiān	하루	"一"는 본래 제1성이지만 제1성·제2성·제3성자 앞에서는 제4성으로 읽는다. 제4성자 앞에서는 제2성으로 읽는다.
		一年	yī nián	yì nián	일년	
		一起	yīqǐ	yìqǐ	같이, 함께	
		一句	yī jù	yí jù	한마디	
七	qī	七次	qī cì	qí cì	일곱 번	"七"·"八"는 본래 제1성이지만 제4성자 앞에서는 제2성으로 읽는다.
八	bā	八块	bā kuài	bá kuài	팔원	
不	bù	不谢	bùxiè	búxiè	천만에요	"不"는 제4성자 앞에서는 제2성으로 읽는다.
		不是	bùshì	búshì	아니다	

【구조조사 '的'】

명사나 인칭대명사 뒤에서 소유나 소속관계를 나타낸다.

일반명사	我的书나의 책 wǒ de shū	你的桌子너의 책상 nǐ de zhuōzi
인간관계 (호칭)	我(的)朋友나의 친구 wǒ (de) péngyou	他(的)妈妈그의 엄마 tā (de) māma
소속관계 (기관·단체)	他(的)家그의 집 tā (de) jiā	我们(的)学校우리 학교 wǒmen (de) xuéxiào

☞ 인간관계 혹은 소속관계를 나타내는 명사를 수식할 때는 흔히 조사 '的'를 생략한다. 하지만 일반명사를 수식할 때는 생략할 수 없다.

第二课　新学期

新的学期开始了。这个学期我选了 8门课，一个星期 19课时。
Xīn de xuéqī kāishǐ le.　Zhè ge xuéqī wǒ xuǎnle bā mén kè, yí ge xīngqī shíjiǔ kè shí.

星期二和星期四还有课外活动。每天回家做两个小时作业，还要
Xīngqī'èr hé xīngqīsì hái yǒu kèwài huódòng.　Měi tiān huí jiā zuò liǎng ge xiǎoshí zuòyè, hái yào

准备课堂讨论发言。课程很有意思，就是太多了。所以我对
zhǔnbèi kètáng tǎolùn fāyán.　Kèchéng hěn yǒu yìsi,　jiùshì tài duō le.　Suǒyǐ wǒ duì

王丽说："课太多，累死了。"她回答说："那我们一起学吧。"
Wáng Lì shuō: "kè tài duō, lèi sǐ le."　Tā huídá shuō: "Nà wǒmen yìqǐ xué ba."

她说话的样子真可爱。
Tā shuōhuà de yàngzi zhēn kě'ài.

단어

学期 xuéqī [명] 학기
开始 kāishǐ [명][동] 시작(하다, 되다)
了 le [조] ☞ 동작의 변화나 완료를 나타냄
选 xuǎn [동] 선택하다, 고르다
门 mén [양] 과목, 가지
　　　☞ 학문·기술 등을 세는 데 쓰임
课 kè [명] 수업과목
星期 xīngqī [명] 주, 요일
课时 kèshí [명] 강의(수업) 시간
和 hé [전][접] ~와, ~과, ~하고 또 ~하다
还 hái [부] 또, 더
课外 kèwài [명] 과외
活动 huódòng [명] 활동
每天 měitiān [명] 매일
回家 huíjiā [동] 집으로 돌아가다
做 zuò [동] 하다
两 liǎng [수] 둘, 2
小时 xiǎoshí [명] ~시간
作业 zuòyè [명] (학생들의) 숙제, 과제물
要 yào [동] (마땅히) ~해야 한다.
准备 zhǔnbèi [동] 준비하다

课堂 kètáng [명] 교실
讨论 tǎolùn [명][동] 토론(하다), 의논(하다)
发言 fāyán [명][동] 발언(하다), 의견을 펴다
课程 kèchéng [명] (교육)과정, 커리큘럼
意思 yìsi [명] 재미, 흥미, 흥취
就是 jiùshì [부] ~뿐이다
太 tài [부] 매우, 아주
多 duō [형] (수량이) 많다
所以 suǒyǐ [접] 그런 까닭에, 그래서
对 duì [전] ~에게, ~대하여
说 shuō [동] 말하다, 이야기하다
死 sǐ [동] 죽다, 생명을 잃다
回答 huídá [명][동] 대답(하다), 회답(하다)
那 nà [접] 그러면, 그렇다면
学 xué [동] 배우다, 익히다, 학습하다
吧 ba [조] ☞ 제의·청유·명령의 어기조사
说话 shuōhuà [동] 말하다, 이야기하다
样子 yàngzi [명] 모양, 꼴, 태도, 표정
真 zhēn [부] 참으로, 정말로, 확실히
可爱 kěài [형] 사랑스럽다, 귀엽다

기타

: (冒号) màohào [명] 쌍점 ☞ 뒤 문장을 제시하거나 앞 문장을 총괄함을 나타냄
" " (引号) yǐnhào [명] 따옴표, 인용부호 ☞ 인용한 부분, 특정한 호칭이나 의미가 있는 단어를 나타냄

어법 설명

1. 了 le 일반적으로 동작의 시작이나 완성을 나타낸다.

동사+'了'의 형식

我有了一个新朋友。(나는 새로운 친구가 한 명 생겼습니다.)
Wǒ yǒule yí ge xīn péngyou.

妹妹做了两个小时作业。(여동생은 2시간 동안 숙제를 하였습니다.)
Mèimei zuòle liǎng ge xiǎoshí zuòyè.

我买^{사다}了三本书。(나는 책 3권을 샀습니다.)
Wǒ mǎile sān běn shū.

2. 还 hái 앞에 말한 내용에 대한 추가적인 보충이나 확대를 나타내는 표현이다.

今天有汉语课, 还有英语^{영어}课。(오늘은 중국어 수업이 있고, 영어 수업도 있습니다.)
Jīntiān yǒu Hànyǔ kè, hái yǒu Yīngyǔ kè.

我有一个弟弟, 还有一个妹妹。
Wǒ yǒu yí ge dìdi, hái yǒu yí ge mèimei.
(제게는 남동생이 한 명 있고, 여동생도 한 명 있습니다.)

今天吃^{먹다}了面包^빵, 还喝^{마시다}了牛奶^{우유}。(오늘은 빵을 먹고 우유도 마셨습니다.)
Jīntiān chīle miànbāo, hái hēle niúnǎi.

我要学汉语, 还要学英语。(저는 중국어를 배우려고 하고 영어도 배우려고 합니다.)
Wǒ yào xué Hànyǔ, hái yào xué Yīngyǔ.

3. 对 duì 동작이나 행위의 대상을 이끌어냄을 나타낸다.

大家^{모두}对他很关心^{관심을 갖다}。(모두가 그에게 매우 관심이 있습니다.)
Dàjiā duì tā hěn guānxīn.

我们对电影^{영화}有兴趣^{흥미}。(우리는 영화에 흥미가 있습니다.)
Wǒmen duì diànyǐng yǒu xìngqù.

王丽对我笑^{웃다}了。(왕려는 나를 보고 웃었습니다.)
Wáng Lì duì wǒ xiào le.

1. 본문의 내용과 맞으면 ○, 틀리면 ✕ 하세요.

金建宇选了19门课。　　　(　　)
Jīn Jiànyǔ xuǎnle shíjiǔ mén kè.

星期四有课外活动。　　　(　　)
Xīngqīsì yǒu kèwài huódòng.

王丽对金建宇说"累死了。"　(　　)
Wáng Lì duì Jīn Jiànyǔ shuō "lèisǐle."

2. 한자로 써 보세요.

kāishǐ　　　(　　　　　　　　　　　　　　　　)

xīngqī　　　(　　　　　　　　　　　　　　　　)

huíjiā　　　(　　　　　　　　　　　　　　　　)

xiǎoshí　　(　　　　　　　　　　　　　　　　)

yìqǐ　　　　(　　　　　　　　　　　　　　　　)

kěài　　　　(　　　　　　　　　　　　　　　　)

3. 성격이 다른 단어를 찾아 ☑ 하세요.

◆ 星期一　　　礼拜六　　　一星期　　　天天　　　天气
　 xīngqīyī　　lǐbàiliù　　yìxīngqī　　tiāntiān　　tiānqì
　 ☐　　　　　☐　　　　　☐　　　　　☐　　　　　☐
　 TIP 时间shíjiān

◆ 大　　　　斤　　　　新　　　　小　　　　多
　 dà　　　　jīn　　　　xīn　　　　xiǎo　　　duō
　 ☐　　　　☐　　　　☐　　　　☐　　　　☐
　 TIP 形容词xíngróngcí

◆ 回家　　　　说话　　　　画画　　　　高兴　　　　吃饭
　　huíjiā　　　　shuōhuà　　　　huàhuà　　　　gāoxìng　　　　chīfàn
　　□　　　　　　□　　　　　　□　　　　　　□　　　　　　□

　　TIP 动词dòngcí

◆ 一分钟　　　　　一个小时　　　　两天　　　　三万
　　yìfēnzhōng　　　yígèxiǎoshí　　　liǎngtiān　　　sānwàn
　　□　　　　　　　　□　　　　　　□　　　　　　□

　　TIP 时间shíjiān

4. 순서에 맞게 나열하세요.

◆ 看　了　书　三本　我　　→ (　　　　　　　　　　　　)

◆ 还　想　吃　冰淇淋　妹妹 → (　　　　　　　　　　　　)

◆ 妈妈　好　很　对　我们　→ (　　　　　　　　　　　　)

5. 빈칸을 채우고, ( )안의 원하는 단어를 선택하여 문장을 완성하세요.

　　　　我们是＿＿＿系＿＿＿班, 有＿＿＿个女同学tóngxué, 학우, ＿＿＿个男nán, 남자同

　　学。我一个星期上＿＿＿天课, 每天回家(看kàn, 보다电视diànshì, 텔레비전 ／ 写作业)。

　　星期天＿＿＿＿＿＿。

자주 쓰는 표현

对不起。Duìbuqǐ. (미안합니다.)

没关系。Méi guānxi. (괜찮습니다.)

不用谢! Bú yòng xiè! (천만에요.)

气死我了。Qì sǐ wǒ le. (기분 나빠 죽겠습니다.)

CHOICE >>>

A: 你选了几^몇门课?
　　Nǐ xuǎnle jǐ mén kè?
B: 六门。／八门。
　　Liù mén. / Bā mén.

A: 作业多不多?
　　Zuòyè duō bu duō?
B: 很多。／不太^{그다지 ~하지 않다}多。
　　Hěn duō. / Bú tài duō.

A: 你们班^반谁最^{가장}可爱?
　　Nǐmen bān shéi zuì kě'ài?
B: 不知道^{알다}。／是我。
　　Bù zhīdào. / Shì wǒ.

DIALOGUE >>>

王丽:　　建宇, 去^{가다}哪儿^{어디}?
Wáng Lì:　Jiànyǔ, qù nǎr?
金建宇: 回家, 写^{쓰다}作业。
Jīn Jiànyǔ: Huíjiā, xiě zuòyè.

王丽:　　作业多吗?
Wáng Lì:　Zuòyè duō ma?
金建宇: 非常^{아주}多, 再见!
Jīn Jiànyǔ: Fēicháng duō, zàijiàn!

! (感叹号) gǎntànhào [명] 느낌표 ☞ 문장의 끝에 쓰여 느낌이나 부르짖음을 나타냄

어휘 PLUS

【요일】

중국어	병음	뜻
星期(礼拜)一	xīngqī(lǐbài) yī	월요일
星期(礼拜)二	xīngqī(lǐbài) èr	화요일
星期(礼拜)三	xīngqī(lǐbài) sān	수요일
星期(礼拜)四	xīngqī(lǐbài) sì	목요일
星期(礼拜)五	xīngqī(lǐbài) wǔ	금요일
星期(礼拜)六	xīngqī(lǐbài) liù	토요일
星期(礼拜)天(日)	xīngqī(lǐbài) tiān(rì)	일요일
星期(礼拜)几	xīngqī(lǐbài) jǐ	무슨 요일

☞ 요일은 '星期' 또는 '礼拜'라고 하며, 뒤에 '一, 二…'를 붙인다.

【양사】

사물의 수량 단위를 나타내는 "名量词 míng liàngcí"와 동작의 횟수 단위를 나타내는 "动量词 dòng liàngcí" 두 종류로 크게 나뉜다. "名量词" 몇 가지만 살펴보면 다음과 같다.

양사	병음	특징	적용 명사
把	bǎ	손잡이가 있는 물건(자루)	刀 dāo칼, 椅子 yǐzi의자
本	běn	책·서적류(권, 부)	书 shū책, 杂志 zázhì잡지
个	gè	특정 양사 없는 일반 사물(개)	人 rén사람, 问题 wèntí문제
件	jiàn	일·옷·사건류(건, 가지)	事 shì일, 衣服 yīfu옷
辆	liàng	차·탈 것(대, 량)	汽车 qìchē자동차, 自行车 zìxíngchē자전거
所	suǒ	집·학교 따위의 건축물(동棟, 채)	大学 dàxué대학, 房子 fángzi집·건물
条	tiáo	가늘고 긴 형태의 것(줄기, 마리)	河 hé강, 鱼 yú고기
位	wèi	존중할 사람(분)	客人 kèrén손님, 先生 xiānsheng선생님, ~씨
张	zhāng	평면이 있는 것(장)	票 piào표, 纸 zhǐ종이
座	zuò	크고 단단한 고정된 사물(개)	桥 qiáo다리, 山 shān산

我的学校

从星期一到星期五我每天去学校学习。我的学校很漂亮。教
Cóng xīngqīyī dào xīngqīwǔ wǒ měi tiān qù xuéxiào xuéxí.　Wǒ de xuéxiào hěn piàoliang. Jiào

学楼、办公楼、图书馆、体育馆、食堂什么的都离得不太远，是
xuélóu、bàngōnglóu、túshūguǎn、tǐyùguǎn、shítáng shénmede dōu lí de bú tài yuǎn, shì

我们学习、运动和休息的好地方。我喜欢校园里春天的花朵，夏
wǒmen xuéxí、yùndòng hé xiūxi de hǎo difang.　Wǒ xǐhuan xiàoyuán li chūntiān de huāduǒ, xià

天的细雨，秋天的红叶，冬天的白雪。王丽说中国的大学生都住
tiān de xiyǔ,　qiūtiān de hóngyè, dōngtiān de báixuě.　Wáng Lì shuō Zhōngguó de dàxuéshēng dōu zhù

在学校里，所以校园里还有宿舍、市场、理发店、电影院等附属
zài xuéxiào li,　suǒyǐ xiàoyuán li hái yǒu sùshè、shìchǎng、lǐfàdiàn、diànyǐngyuàn děng fùshǔ

建筑，就像个小城市。我也想去中国的大学校园看一看。
jiànzhù,　jiù xiàng ge xiǎo chéngshì. Wǒ yě xiǎng qù Zhōngguó de dàxué xiàoyuán kàn yi kàn.

단어

学校 xuéxiào [명] 학교

从…到 cóng…dào [전] …에서(로부터) ~까지

学习 xuéxí [명][동] 공부(하다), 학습(하다)

漂亮 piàoliang [형] 예쁘다, 아름답다, 보기 좋다

教学楼 jiàoxuélóu [명] 강의동

办公楼 bàngōnglóu [명] 행정관

图书馆 túshūguǎn [명] 도서관

体育馆 tǐyùguǎn [명] 체육관

食堂 shítáng [명] 식당

什么的 shénmede [조] ~등

都 dōu [부] 모두, 다

离 lí [전] ~로부터, ~에서

远 yuǎn [형] (거리가) 멀다

运动 yùndòng [명][동] 운동(하다), 스포츠

休息 xiūxi [명][동] 휴식(하다)

地方 dìfang ☞ 장소·곳·공간의 일부분을 나타냄

喜欢 xǐhuan [동] 좋아하다, 기뻐하다, 애호하다

校园 xiàoyuán [명] 캠퍼스, 교정

里 li [조] 안, 속, ~내

　　☞ 명사 뒤에 붙어 장소·시간·범위 등을 나타냄

春天 chūntiān [명] 봄

花朵 huāduǒ [명] 꽃, 꽃송이, 꽃봉오리

夏天 xiàtiān [명] 여름

细雨 xìyǔ [명] 가랑비, 이슬비

秋天 qiūtiān [명] 가을

红叶 hóngyè [명] 단풍

冬天 dōngtiān [명] 겨울

白雪 báixuě [명] 눈, 흰눈

大学生 dàxuéshēng [명] 대학생

住 zhù [동] 살다, 거주하다

在 zài [전] ~에

所以 suǒyǐ [접] 그래서, 그런 까닭에

宿舍 sùshè [명] 기숙사

市场 shìchǎng [명] 시장

理发店 lǐfàdiàn [명] 이발소

电影院 diànyǐngyuàn [명] 영화관

等 děng [조] 등, 따위

附属 fùshǔ [동][형] 부속되다, 종속되다,

　　　　　　　　　부속의, 부설의

建筑 jiànzhù [명][동] 건축(하다)

像 xiàng [동] (마치) ~와 같다, 비슷하다

小 xiǎo [형] 작다

城市 chéngshì [명] 도시

想 xiǎng [동] 생각하다, ~하고 싶다, ~려 하다

기타

、(顿号) dùnhào [명] 모점 ☞ 문장에서 병렬관계에 있는 낱말 또는 구 사이에 쓰여 가벼운 쉼을 나타냄

1. 从…到 cóng…dào 시간과 장소의 기점과 종점을 동시에 나타낸다.

   从十一月到三月是冬天。(11월에서 3월까지는 겨울입니다.)
   Cóng shíyí yuè dào sān yuè shì dōngtiān.

   我们从星期一到星期五都有课。
   Wǒmen cóng xīngqīyī dào xīngqīwǔ dōu yǒu kè.
   (우리는 월요일에서 금요일까지 계속 수업이 있습니다.)

   从学校到机场^{공항}怎么走^{가다}? (학교에서 공항까지 어떻게 갑니까?)
   Cóng xuéxiào dào jīchǎng zěnme zǒu?

2. 什么的 shénmede 나열하는 말 마지막에 쓰인다.

   水果^{과일}种类^{종류}有西瓜^{수박}、草莓^{딸기}、葡萄^{포도}什么的。
   Shuǐguǒ zhǒnglèi yǒu xīguā、cǎoméi、pútáo shénmede.
   (과일 종류에는 수박·딸기·포도 등이 있습니다.)

   晚上我看书、看电视、写作业什么的。
   Wǎnshang wǒ kàn shū、kàn diànshì、xiě zuòyè shénmede.
   (나는 저녁에 책·텔레비전 등을 보거나 숙제를 합니다.)

   我常^{자주}喝可乐^{콜라}、红茶^{홍차}、咖啡^{커피}什么的。
   Wǒ cháng hē kělè、hóngchá、kāfēi shénmede.
   (난 종종 콜라·홍차·커피 등을 마십니다.)

3. 在 zài 뒤에 장소를 나타내는 목적어가 온다. 일반적으로 다음과 같은 구조를 이루며, "~에서 ~을 하다"라는 의미를 나타낸다.

	在	장소 명사	동사(구)
我 Wǒ		学生食堂 xuésheng shítáng	吃饭^밥。 chī fàn.
他 Tā	在 zài	新华书店^{신화서점} Xīnhuá Shūdiàn	买书。 mǎi shū.
我们 Wǒmen		电影院 diànyǐngyuàn	看电影。 kàn diànyǐng.

4. 看一看 kàn yi kàn 동사의 중첩형식이다.

* 단음절 동사의 중첩형식(AA형)
→ 看看 kànkan보다, 听听 tīngting들어 보다, 尝尝 chángchang맛보다

* 이음절 동사의 중첩형식(ABAB형)
→ 休息休息 xiūxi xiūxi휴식하다, 介绍介绍 jièshào jièshào소개하다

☞ 단음절 동사의 중첩은 그 사이에 '了 le' 혹은 '一 yi'를 첨가 시킬 수 있다. 예를 들면 "看了看", "看一看"과 같다. "看一看"가운데의 "一"는 생략할 수 있기 때문에 "看看"이라고 말할 수도 있으며, 이는 아직 발생하지 않은 행위에 쓴다. "看了看"은 이미 발생한 행위에 쓴다.

看一看这个问题문제。(이 문제를 보십시오.)
Kàn yi kàn zhège wèntí.

星期天看看书、运动运动。(일요일에는 책을 보거나 운동을 합니다.)
Xīngqītiān kànkan shū、yùndòng yùndòng.

1. 본문의 내용과 맞으면 ○, 틀리면 ✕ 하세요.

金建宇每个星期去学校五天。　　　　（　　）
Jīn Jiànyǔ měi ge xīngqī qù xuéxiào wǔ tiān.

金建宇的学校不太漂亮。　　　　　　（　　）
Jīn Jiànyǔ de xuéxiào bú tài piàoliang.

中国大学校园里有电影院。　　　　　（　　）
Zhōngguó dàxué xiàoyuán li yǒu diànyǐngyuàn.

2. 한자로 써 보세요.

měi tiān　　（　　　　　　　　　　　　　　　　）

piàoliang　　（　　　　　　　　　　　　　　　　）

shítáng　　（　　　　　　　　　　　　　　　　）

xuéxí　　（　　　　　　　　　　　　　　　　）

xiūxi　　（　　　　　　　　　　　　　　　　）

xiàoyuán　　（　　　　　　　　　　　　　　　　）

3. 성격이 다른 단어를 찾아 ☑ 하세요.

◆ 我家	学校	医院	大家	银行
wǒjiā	xuéxiào	yīyuàn	dàjiā	yínháng
☐	☐	☐	☐	☐

TIP 场所chǎngsuǒ

◆ 白色	黑色	出色	绿色	黄色
báisè	hēisè	chūsè	lǜsè	huángsè
☐	☐	☐	☐	☐

TIP 颜色yánsè

◆ 花　　　　草　　　　树　　　　果　　　　云
　 huā　　　 cǎo　　　 shù　　　 guǒ　　　 yún
　 □　　　　□　　　　□　　　　□　　　　□
　 TIP　植物^{zhíwù}

◆ 一星期　　　　星期三　　　　　星期五　　　　星期天
　 yì xīngqī　　 xīngqīsān　　　xīngqīwǔ　　　xīngqītiān
　　□　　　　　 □　　　　　　 □　　　　　　 □
　 TIP　某一天^{mǒuyìtiān}

4. 순서에 맞게 나열하세요.

◆ 从　一月　十二月　到　是一年　→（　　　　　　　　　　　　）

◆ 包里　钱包　手机　有　什么的　→（　　　　　　　　　　　　）

◆ 我　家　在　写　作业　　　→（　　　　　　　　　　　　）

◆ 学校　说一说　你的　请　　　→（　　　　　　　　　　　　）

5. 빈칸을 채우고, ( )안의 원하는 단어를 선택하여 문장을 완성하세요.

　　　我在(学校／家)学汉语, 教室^{jiàoshì, 교실}在_____楼, 学校(很／不太)大, 我喜

欢_____, 所以我最喜欢去的地方是_____。

자주 쓰는 표현

早安! Zǎoān! (안녕히 주무셨습니까?)

早上好! Zǎoshang hǎo! (좋은 아침입니다.)

晚上好! Wǎnshang hǎo! (좋은 저녁입니다.)

晚安! Wǎn'ān! (안녕히 주무세요.)

你呢? Nǐ ne? (당신은요?)
　　앞에서 말한 화제를 이어받아 질문을 할 때 사용한다.

CHOICE 〉〉〉

A: 你每周去学校几天?
Nǐ měi zhōu qù xuéxiào jǐ tiān?

B: 五天。／四天。
Wǔ tiān. / Sì tiān.

A: 校园里有食堂吗?
Xiàoyuán li yǒu shítáng ma?

B: 有。／没有。
Yǒu. / Méiyǒu.

A: 韩国冬天下내리다雪吗?
Hánguó dōngtiān xià xuě ma?

B: 下。／不下。
Xià. / Bú xià.

DIALOGUE 〉〉〉

金建宇: 快빨리看, 下雪了!
Jīn Jiànyǔ: Kuài kàn, xià xuě le!

王丽: 真美아름답다啊!
Wáng Lì: Zhēn měi a!

金建宇: 中国冬天下雪吗?
Jīn Jiànyǔ: Zhōngguó dōngtiān xià xuě ma?

王丽: 北京下雪, 广州광주不下雪, 下雨비。
Wáng Lì: Běijīng xià xuě, Guǎngzhōu bú xià xuě, xià yǔ.

啊 a [감탄사] ☞ 어기조사로 앞 음절('…i')의 영향으로 연음변화가 일어나 '呀 ya(ia)'로 발음

어휘 PLUS

【년·월·주·일】

	년	월	주	일
과거	大前年 dàqiánnián 재재작년			大前天 dàqiántiān 그끄저께
과거	前年 qiánnián 재작년	上上(个)月 shàngshàng (ge) yuè 지지난 달	上上(个)星期 shàngshàng (ge) xīngqī 지지난 주	前天 qiántiān 그저께
과거	去年 qùnián 작년	上(个)月 shàng (ge) yuè 지난 달	上(个)星期 shàng (ge) xīngqī 지난 주	昨天 zuótiān 어제
현재	今年 jīnnián 금년	这(个)月 zhè (ge) yuè 이번 달	这(个)星期 zhè (ge) xīngqī 이번 주	今天 jīntiān 오늘
미래	明年 míngnián 내년	下(个)月 xià (ge) yuè 다음 달	下(个)星期 xià (ge) xīngqī 다음 주	明天 míngtiān 내일
미래	后年 hòunián 내후년	下下(个)月 xiàxià (ge) yuè 다다음 달	下下(个)星期 xiàxià (ge) xīngqī 다다음 주	后天 hòutiān 모레
미래	大后年 dàhòunián 내내후년			大后天 dàhòutiān 글피

☞ 수＋년(월·주·일)＋전(후)를 써서 표현하기도 한다.
　一年前 yì nián qián 1년 전　　　　　两个月后 liǎng ge yuè hòu 2개월 후
　三(个)星期前 sān (ge) xīngqī qián 3주 전　　四天后 sì tiān hòu 4일 후
☞ '年、月、星期、天' 앞에 '每 měi'를 써서 표현하기도 한다.
　每年 měi nián 매년　　　　　　　　　每月 měi yuè 매월, 매달
　每星期 / 每周 měi xīngqī / měi zhōu 매주　　每天 / 每日 měi tiān / měi rì 매일

【하루의 구분】

白天 báitiān 낮				黑天 hēitiān 밤	
早上 zǎoshang 아침	上午 shàngwǔ 오전	中午 zhōngwǔ 정오	下午 xiàwǔ 오후	傍晚 bàngwǎn 해질 무렵	晚上 wǎnshang 저녁

【의문대명사】

什么 shénme 무엇	为什么 wèishénme 왜	什么时候 shénme shíhou 언제	怎么 zěnme 어떻게	哪儿 nǎr 어디	谁 shéi 누구

宿舍

今天王丽请我和几个朋友去她的宿舍玩儿。她住在学生公寓
Jīntiān Wáng Lì qǐng wǒ hé jǐ ge péngyou qù tā de sùshè wánr. Tā zhù zài xuésheng gōngyù

楼的 703号房间。门上倒贴着一个"福"字，很有中国味儿。房间
lóu de qī líng sān hào fángjiān. Mén shang dào tiēzhe yí ge "fú" zì, hěn yǒu Zhōngguó wèir. Fángjiān

虽然不太大，但是很干净。书桌上摆着书、词典，还放着一台电
suīrán bú tài dà, dànshì hěn gānjìng. Shūzhuō shang bǎizhe shū、cídiǎn, hái fàngzhe yì tái diàn

脑。床上还挂着一个可爱的大熊猫娃娃。窗外有一排大树，还可
nǎo. Chuáng shang hái guàzhe yí ge kě'ài de dà xióngmāo wáwa. Chuāng wài yǒu yì pái dà shù, hái kě

以看到不远的一条小河。王丽拿出中国的小点心给我们吃。点心
yǐ kàndao bù yuǎn de yì tiáo xiǎo hé. Wáng Lì ná chū Zhōngguó de xiǎo diǎnxin gěi wǒmen chī. Diǎnxin

的味道像她的笑容一样甜美。
de wèidao xiàng tā de xiàoróng yíyàng tiánměi.

단어

请 qǐng [동] 초대하다, 초청하다

玩儿 wánr [동] 놀다, 여가를 즐기다

公寓楼 gōngyùlóu [명] 아파트

号 hào [명] 호, 번호

房间 fángjiān [명] 방

门 mén [명] 문, 출입구

上 shàng [명] 위

☞ 물체의 꼭대기나 표면을 나타냄

倒 dào [동] 거꾸로 되다, 반대로 하다

贴 tiē [동] 붙이다, 붙여 놓다

着 zhe [조] ~해 있다, ~한 채로 있다

福 fú [명] 복, 행복

字 zì [명] 글자, 문자

中国味儿 Zhōngguó wèir [명] 중국풍

虽然…但是 suīrán…dànshì

[접] 비록(설령)…일지라도(하지만)

大 dà [형] 크다

干净 gānjìng [형] 깨끗하다, 깔끔하다

书桌 shūzhuō [명] 책상

摆 bǎi [명] 벌여 놓다,

词典 cídiǎn [명] 사전

放 fàng [동] 놓다, 두다

台 tái [양] 대

☞ 기계·차량·설비 따위의 수를 셀 때 쓰임

电脑 diànnǎo [명] 컴퓨터

床 chuáng [명] 침대

挂 guà [동] 걸다

熊猫 xióngmāo [명] 판다(panda)

娃娃 wáwa [명] 인형

窗外 chuāng wài [명] 창(문) 밖

排 pái [양] 열, 줄

☞ 열·줄처럼 생긴 모양의 물건을 세는 데 쓰임

树 shù [명] 나무

可以 kěyǐ [동] ~할 수 있다

远 yuǎn [형] (거리가) 멀다

拿 ná [동] (손으로) 잡다, (손에) 쥐다, 가지다

出 chū [동] ☞ 동사 뒤에 보어로 쓰여, 동작이 안에서 밖으로 나온다는 뜻으로 쓰임

点心 diǎnxin [명] 간식

给 gěi [동] (~에게) 주다

味道 wèidao [명] 맛

像…一样 xiàng…yíyàng [접] 마치…와 같다

笑容 xiàoróng [명] 웃는 얼굴, 웃음 띤 표정

甜美 tiánměi [형] 달콤하다, 달다

1. 着 zhe 동작이나 상태의 지속을 나타낸다.

   同学们看着黑板^{칠판}。 (학우들은 칠판을 보고 있습니다.)
   Tóngxuémen kànzhe hēibǎn.

   黑板上写着一个"好"字。 (칠판에 "好^{좋아할호}" 글자가 쓰여 있습니다.)
   Hēibǎn shang xiězhe yí ge "hǎo" zì.

2. 虽然…但是 suīrán…dànshì 전환을 나타내며 앞뒤로 둘 다 쓰거나 그렇지 않으면 한쪽만 써도 된다. 앞의 절이 어떤 내용을 말하면 뒤에 오는 절은 앞에서 말한 내용과 상반되는 내용을 표현한다.

   他虽然个子^키不高^{높다}, 但是很帅^{멋지다}。 (그는 체격은 작지만 멋이 있습니다.)
   Tā suīrán gèzi bù gāo, dànshì hěn shuài.

   香蕉^{바나나}虽然好吃, 但是很贵^{비싸다}。 (바나나는 맛은 좋으나 비쌉니다.)
   Xiāngjiāo suīrán hǎochī, dànshì hěn guì.

   虽然白天热^{덥다}, 但是晚上很冷^{춥다}。 (낮에는 덥지만 저녁에는 매우 춥습니다.)
   Suīrán báitiān rè, dànshì wǎnshang hěn lěng.

3. 像…一样 xiàng…yíyàng 사람·사물 등이 어떠한 대상과 비슷함을 나타낸다.

   画^{그림}里^안的马^말像真的一样。 (그림 속의 말이 진짜 같습니다.)
   Huà li de mǎ xiàng zhēnde yíyàng.

   月饼^{월병}像十五的月亮^달一样圆^{둥글다}。 (월병은 보름달처럼 둥그렇습니다.)
   Yuèbǐng xiàng shíwǔ de yuèliang yíyàng yuán.

连습 문제

1. 본문의 내용과 맞으면 ○, 틀리면 ✕ 하세요.

王丽的宿舍在七楼。   ( )
Wáng Lì de sùshè zài qī lóu.

门上贴的"福"字是倒着的。   ( )
Mén shang tiē de "fú" zì shì dàozhe de.

宿舍外面ᵇᵃᵏ有一棵ᵍʳᵘ大树。   ( )
Sùshè wàimian yǒu yì kē dà shù.

2. 한자로 써 보세요.

sùshè   (   )

fángjiān   (   )

gānjìng   (   )

cídiǎn   (   )

xióngmāo   (   )

xiàoróng   (   )

3. 성격이 다른 단어를 찾아 ☑ 하세요.

◆ 电视   冰箱   电话   电灯   电池
   diànshì   bīngxiāng   diànhuà   diàndēng   diànchí
   □   □   □   □   □
   TIP 家用电器 jiāyòngdiànqì

◆ 小猫   小狗   鸡蛋   兔子   猪
   xiǎomāo   xiǎogǒu   jīdàn   tùzi   zhū
   □   □   □   □   □
   TIP 动物 dòngwù

◆ 阳台　　　卫生间　　　厨房　　　客厅　　　卫生所
　　yángtái　　wèishēngjiān　　chúfáng　　kètīng　　wèishēngsuǒ
　　□　　　　　□　　　　　□　　　　□　　　　□
　TIP 家里Jiāli

◆ 汉江　　　黄河　　　海南　　　太湖　　　天池
　　hànjiāng　　huánghé　　hǎinán　　tàihú　　tiānchí
　　□　　　　□　　　　□　　　　□　　　　□
　TIP 河湖名héhúmíng

4. 순서에 맞게 나열하세요.

◆ 同学们　着　做　练习　　　→ (　　　　　　　　　　　)

◆ 听见了　明白　不　虽然　但是 → (　　　　　　　　　　)

◆ 像　一样　兔子　跑得　快　　→ (　　　　　　　　　　)

5. 빈칸을 채우고, ( )안의 원하는 단어를 선택하여 문장을 완성하세요.

　　我住在(家里 / 宿舍), 在_____市shì, 시_____区qū, 구, 离学校_____远。

　坐(地铁dìtiě, 지하철 / 公共汽车)来学校, 路上的时间shíjiān, 시간大概dàgài, 대강是_____

　小时xiǎoshí, 시간, 我喜欢在路上(看书 / 听tīng, 듣다MP3 / 睡觉shuìjiào, 자다)。

자주 쓰는 표현

欢迎! Huānyíng! (환영합니다.)

拜拜! Báibái! (잘 가.)
　영어 bye-bye의 음역이다. 남성보다는 젊은 여성들이 동년배나 후배와 헤어질 때 사용한다.

慢走! Mànzǒu! (살펴 가십시오.)
　손님을 배웅할 때 자주 사용한다.

请留步。Qǐng liúbù. (나오지 마십시오.)
　주인이 손님을 전송할 때, 손님이 주인에게 나오지 말라고 권하는데 자주 사용한다.

회화 PLUS

CHOICE >>>

> A: 你住在学校宿舍吗?
>   Nǐ zhù zài xuéxiào sùshè ma?
> B: 是的^{그렇다}。／不是。
>   Shì de. / Bú shì.
>
> A: 你住的地方离学校远不远?
>   Nǐ zhù de dìfang lí xuéxiào yuǎn bu yuǎn?
> B: 不远。／很远。
>   Bù yuǎn. / Hěn yuǎn.
>
> A: 你吃过中国点心没有?
>   Nǐ chīguo Zhōngguó diǎnxin méiyǒu?
> B: 吃过。／没有。
>   Chīguo. / Méiyǒu.

DIALOGUE >>>

> 王丽:　欢迎^{환영하다}你们, 请进^{들어오세요}!
> Wáng Lì:　Huānyíng nǐmen, qǐngjìn!
> 金建宇: 谢谢。
> Jīn Jiànyǔ: Xièxie.
>
> 王丽:　喝茶还是^{아니면}喝可乐?
> Wáng Lì:　Hē chá háishi hē kělè?
> 金建宇: 我喝茶, 花茶^{자스민차}。
> Jīn Jiànyǔ: Wǒ hē chá, huāchá.

过 guo ☞ 동사 뒤에 동태조사로 쓰여 동작이 완료되었음을 나타냄

【년·방·버스·전화 번호】

二00九年 èr líng líng jiǔ nián 二00几年? èr líng líng jǐ nián?	☞ 서기 몇 년이라 할 때는 숫자를 하나씩 그냥 읽는다.
716号房间 qīyāoliù hào fángjiān 51路^번 公共汽车^{버스} wǔshíyī lù gōnggòng qìchē 101路 公共汽车 yāolíngyāo lù gōnggòng qìchē 6218 -1689 liùèryāobā-yāoliùbājiǔ	☞ 방·버스·전화번호에서 숫자 1의 발음은 'yī' 대신 보통 'yāo'로 읽는다. 단, 방·버스에서 100이하의 숫자 1의 발음은 그냥 'yī'로 읽는다.

公共汽车 = 巴士 bāshì

【존재문】

장소+有+존재하는 것

书包^{책가방}里有两本书。(가방 안에는 책 두 권이 있습니다.)
Shūbāo li yǒu liǎng běn shū.
大树下有一条小路^{오솔길}。(큰 나무 아래에는 오솔길이 있습니다.)
Dà shù xia yǒu yì tiáo xiǎo lù.

존재하는 것+在+장소

书在书包里。(책이 가방 안에 있습니다.)
Shū zài shūbāo li.
铅笔在橡皮^{지우개}旁边^옆。(연필이 지우개 옆에 있습니다.)
Qiānbǐ zài xiàngpí pángbiān.

장소+是+존재하는 것

门前是一条小河。(문 앞에는 작은 강이 있습니다.)
Mén qián shì yì tiáo xiǎo hé.
学校后边^뒤是个超市^{슈퍼마켓}。(학교 뒤에는 슈퍼마켓이 있습니다.)
Xuéxiào hòubian shì ge chāoshì.

【인형 종류】

芭比娃娃 Bābǐwáwa 바비^{Barbie}인형	白雪公主 Báixuěgōngzhǔ 백설공주	灰姑娘 Huīgūniang 신데렐라	
胡桃夹子 Hútáojiāzi 호두까기 인형	美人鱼 Měirényú 인어공주	米老鼠 Mǐlǎoshǔ 미키마우스	
皮诺曹 Pínuòcáo 피노키오	泰迪熊 Tàidíxióng 테디베어^{Teddy Bear}	米奇 Mǐqí 미키	米妮 Mǐnī 미니

第五课

图书馆

学校的图书馆是一栋六层的白色建筑，也是我最爱去的地方。
Xuéxiào de túshūguǎn shì yí dòng liù céng de báisè jiànzhù, yě shì wǒ zuì ài qù de dìfang.

图书馆的一楼可以借书、还书，也可以看报或者看杂志。二楼到
Túshūguǎn de yī lóu kěyǐ jiè shū、huán shū, yě kěyǐ kàn bào huòzhě kàn zázhì. Èr lóu dào

六楼有各种各样的书，可以看书或者自习。这个星期是考试周，
liù lóu yǒu gèzhǒng-gèyàng de shū, kěyǐ kàn shū huòzhě zìxí. Zhège xīngqī shì kǎoshì zhōu,

学生特别多。王丽坐在那儿，学累了在打哈欠。我赶紧去售货机
xuésheng tèbié duō. Wáng Lì zuò zài nàr, xué lèile zài dǎ hāqian. Wǒ gǎnjǐn qù shòuhuòjī

那边买来一杯咖啡递给她。王丽眨了眨水汪汪的大眼睛，笑了。
nàbian mǎi lái yì bēi kāfēi dìgěi tā. Wáng Lì zhǎ le zhǎ shuǐwāngwāng de dà yǎnjing, xiào le.

단어

栋 dòng [양] 동, 채 ☞ 집채를 세는데 쓰임

层 céng [양] 층, 겹, 벌
　　☞ 중첩되거나 쌓여 있는 것에 사용

白色 báisè [명] 백색, 흰빛

爱 ài [동] ~하기를 좋아하다

楼 lóu [명] (건물의) 층

借 jiè [동] 빌다, 빌리다, 대출하다

还 huán [동] 반납하다, 돌려주다, 상환하다

报 bào [명] 신문

或者 huòzhě [접] ~이 아니면 ~이다

杂志 zázhì [명] 잡지

各种各样 gèzhǒng-gèyàng [성어] 각양각색

自习 zìxí [명][동] 자습(하다)

考试 kǎoshì [명][동] 시험(을 하다)

特别 tèbié [부] 특히

坐 zuò [동] 앉다, 가만히 앉아 있다

打 dǎ [동] (어떤 동작을) 하다

哈欠 hāqian [명] 하품

赶紧 gǎnjǐn [부] 서둘러, 급히, 재빨리

售货机 shòuhuòjī [명] 자동판매기

那边 nàbian [대] ~있는 곳에, ~한테, ~쪽에

杯 bēi [양] 잔 ☞ 잔이나 컵에 담긴 것을 세는 양사

递给 dìgěi [동] ~에게 건네(주)다, 넘겨주다

眨 zhǎ [동] (눈을) 깜빡거리다

水汪汪 shuǐwāngwāng
　　[형] (눈망울이) 촉촉하고 맑다

眼睛 yǎnjing [명] 눈

41

1. 也 yě 서로 같음을 나타낸다

   我也不知道他的名字。(저도 그의 이름을 모릅니다.)
   Wǒ yě bù zhīdào tā de míngzi.

   他喝可乐, 我也是。(그가 콜라를 마시니, 저도 콜라를 마시겠습니다.)
   Tā hē kělè, wǒ yě shì.

2. 可以 kěyǐ 조동사로 가능이나 허가를 나타낸다

   一个星期可以看完^{다하다}这本书。(일주일이면 이 책을 다 읽을 수 있습니다.)
   Yí gè xīngqī kěyǐ kàn wán zhè běn shū.

   我可以问^{묻다}个问题吗? (제가 질문을 해도 되겠습니까?)
   Wǒ kěyǐ wèn ge wèntí ma?

3. 那边 nàbian 방향을 가리킨다.

   我去朋友那边看电视。(저는 친구한테 가서 함께 텔레비전을 봅니다.)
   Wǒ qù péngyou nàbian kàn diànshì.

   黑板那边有两支^{자루}粉笔^{분필}。(칠판 쪽에 분필 두 자루가 있습니다.)
   Hēibǎn nàbian yǒu liǎng zhī fěnbǐ.

✎ **연습 문제**

1. 본문의 내용과 맞으면 ◯, 틀리면 ✕ 하세요.

金建宇很喜欢去图书馆。　　（　　）
Jīn Jiànyǔ hěn xǐhuan qù túshūguǎn.

下个星期考试。　　　　　　（　　）
Xià ge xīngqī kǎoshì.

售货机里没有咖啡。　　　　（　　）
Shòuhuòjī li méiyǒu kāfēi.

2. 한자로 써 보세요.

báisè　　　　（　　　　　　　　　　　　）

dìfang　　　　（　　　　　　　　　　　　）

huán shū　　（　　　　　　　　　　　　）

zìxí　　　　　（　　　　　　　　　　　　）

hāqian　　　（　　　　　　　　　　　　）

kāfēi　　　　（　　　　　　　　　　　　）

3. 성격이 다른 단어를 찾아 ☑ 하세요.

◆ 书	报纸	杂志	新闻	论文
shū	bàozhǐ	zázhì	xīnwén	lùnwén
☐	☐	☐	☐	☐

TIP 文字载体 wénzìzàitǐ

◆ 眼睛	裤子	嘴	耳朵	鼻子
yǎnjing	kùzi	zuǐ	ěrduo	bízi
☐	☐	☐	☐	☐

TIP 身体 shēntǐ

◆ 期中考试　　　　　　期末考试　　　　　　試验　　　　　　小测验
　qīzhōngkǎoshì　　　　qīmòkǎoshì　　　　　shìyàn　　　　　xiǎocèyàn
　　☐　　　　　　　　　☐　　　　　　　　☐　　　　　　　☐
　TIP 考试kǎoshì

◆ 咖啡　　　　茶　　　　　可乐　　　　　雪碧　　　　　胶水
　kāfēi　　　　chá　　　　kělè　　　　　xuěbì　　　　jiāoshuǐ
　☐　　　　　　☐　　　　　☐　　　　　　☐　　　　　　☐
　TIP 饮料yǐnliào

4. 순서에 맞게 나열하세요.

◆ 我　不　也　忙　太　　　→ (　　　　　　　　　　　　　　　　)

◆ 上课　打　不　可以　电话 → (　　　　　　　　　　　　　　　　)

◆ 山　那边　云　一朵　有　→ (　　　　　　　　　　　　　　　　)

5. 빈칸을 채우고, ( )안의 원하는 단어를 선택하여 문장을 완성하세요.

　　　我们学校图书馆有_____层, 星期_____到星期_____开放kāifàng, 개방하다。

　　里面的中文书(很多 / 不太多), (有 / 没有)中文杂志。我(常常 / 不经常)去,

　　最喜欢看_____。

자주 쓰는 표현

喂! Wèi! (여보세요.)

怎么了? Zěnme le? (왜 그러죠?)

你看呢? Nǐ kàn ne? (당신이 보기에는요?)

不怎么样。Bù zěnmeyàng. (별로 좋지 않습니다.)

회화 PLUS

CHOICE 〉〉〉

A: 你最喜欢什么颜色^색?
　Nǐ zuì xǐhuan shénme yánsè?
B: 绿色^{초록색}。／ 黄色^{노랑색}。
　Lǜsè. / Huángsè.

A: 你在哪儿上^{하다}自习?
　Nǐ zài nǎr shàng zìxí?
B: 在学校。／ 在家。
　Zài xuéxiào. / Zài jiā.

A: 你每天喝咖啡吗?
　Nǐ měi tiān hē kāfēi ma?
B: 每天喝。／ 不是每天喝。
　Měi tiān hē. / Búshì měi tiān hē.

DIALOGUE 〉〉〉

金建宇: 累了吧? 喝杯咖啡。
Jīn Jiànyǔ: Lèile ba? Hē bēi kāfēi.
王丽: 谢谢你, 真香^{향기롭다}!
Wáng Lì: Xièxie nǐ, zhēn xiāng!

金建宇: 都复习^{복습하다}好了吗?
Jīn Jiànyǔ: Dōu fùxí hǎole ma?
王丽: 还差^{부족하다}得远呢。
Wáng Lì: Hái chà de yuǎn ne.

得 de ☞ 동사나 형용사의 뒤에 쓰여, 결과나 정도를 나타내는 보어를 연결시키는 역할을 함

어휘 PLUS

【연동문】

연이어 동사가 온다는 의미이다. 두 동사에는 선후 관계가 있으며, 방식·태도·용도 등을 나타낸다. '주어＋동사＋(목적어1)＋동사＋(목적어2)'의 형식을 취한다.

我去问。(제가 가서 묻겠습니다.)
Wǒ qù wèn.

中国人用사용하다筷子젓가락吃饭。(중국인은 젓가락으로 식사를 합니다.)
Zhōngguórén yòng kuàizi chī fàn.

王丽有时候自己买菜做饭吃。(왕려는 가끔 스스로 반찬을 사서 밥을 해 먹습니다.)
Wáng Lì yǒushíhou zìjǐ mǎi cài zuò fàn chī.

【색】

白色 báisè 흰색	橙色 chéngsè 주황색	靛色 diànsè 남색	粉红色 fěnhóngsè 분홍색	黑色 hēisè 검정색
褐色 hèsè 갈색	红色 hóngsè 빨강색	黄色 huángsè 노랑색	灰色 huīsè 회색	蓝色 lánsè 파랑색
绿色 lǜsè 초록색	肉色 ròusè 살구색	乳白色 rǔbáisè 유백색	紫色 zǐsè 보라색	棕色 zōngsè 고동색

【전화번호】

전화번호	명칭
110	匪警 fěijǐng 범죄신고
114	电话查询 diànhuà cháxún 안내전화
119	火警 huǒjǐng 화재신고
120	急救中心 jíjiù zhōngxīn 긴급구조센터
122	道路交通事故报警 dàolù jiāotōng shìgù bàojǐng 교통사고 신고

【시험 명칭】

高考 gāokǎo 중국의 대학 입학시험	汉语水平考试 hànyǔ shuǐpíng kǎoshì 중국어 능력 시험HSK		托福 tuōfú 토플TOEFL
期中考试 qīzhōng kǎoshì 중간고사		期末考试 qīmò kǎoshì 기말고사	

第六课 食堂

我一般午饭在学校吃。学校的食堂在地下一楼。饭菜种类不
Wǒ yìbān wǔfàn zài xuéxiào chī. Xuéxiào de shítáng zài dìxià yī lóu. Fàncài zhǒnglèi bú

太多，但是价廉量足，味道也不错。但有一点不好，得排队。王丽
tài duō, dànshì jià lián liàng zú, wèidao yě búcuò. Dàn yǒu yì diǎn bùhǎo, děi páiduì. Wáng Lì

看着又长又慢的队伍说："今天我们吃方便面吧。"我们买了碗面
kànzhe yòu cháng yòu màn de duìwu shuō: "jīntiān wǒmen chī fāngbiànmiàn ba." Wǒmen mǎile wǎnmiàn

和泡菜，坐到长椅上。方便面和泡菜辣得王丽脸都红了，但她还
hé pàocài, zuò dào chángyǐ shang. Fāngbiànmiàn hé pàocài là de Wáng Lì liǎn dōu hóng le, dàn tā hái

是说韩国的方便面辣是辣，但是味道好极了，习惯了韩国菜也就
shì shuō Hánguó de fāngbiànmiàn là shì là, dànshì wèidao hǎo jíle, xíguànle Hánguó cài yě jiù

更喜欢韩国了。
gèng xǐhuan Hánguó le.

단어

一般 yìbān [형] 보통이다, 일반적이다
午饭 wǔfàn [명] 점심(밥)
地下 dìxià [명] 지하
饭菜 fàncài [명] 반찬
种类 zhǒnglèi [명] 종류
价廉量足 jiàliánliàngzú 값도 싸고 양도 충분하다
不错 búcuò [형] 괜찮다, 좋다, 알맞다
一点 yìdiǎn [명] 조금
得 děi [동] (시간·돈 등이) 걸리다, 들다
排队 páiduì [동] 줄을 서다
又…又… yòu…yòu… [접] 한편, 또한 동시에
慢 màn [형] (속도가) 늦다, (동작이) 느리다

队伍 duìwu [명] 대열
方便面 fāngbiànmiàn [명] 인스턴트라면
碗面 wǎnmiàn [명] 컵라면
泡菜 pàocài [명] 김치
长椅 chángyǐ [명] 벤치, 긴 의자
辣 là [형] 맵다
脸 liǎn [명] 얼굴
都 dōu [부] ~까지도, ~조차도, 심지어
红 hóng [형] 빨갛다, 붉다
极了 jíle [부] 아주, 몹시
习惯 xíguàn [명][동] 익숙해지다, 습관(버릇)이 되다
更 gèng [부] 더욱, 한층 더

어법 설명

1. 又…又… yòu…yòu… 동작·상태·상황 등이 한꺼번에 걸쳐 발생함을 나타낸다.

苹果^{사과}又大又甜^{달다}, 真好吃。 (사과는 크기도 하고 달콤해서 정말 맛있습니다.)
Píngguǒ yòu dà yòu tián, zhēn hǎochī.

明浩^{명호}汉字^{한자}写得又快又好。 (명호는 한자를 빠르게 잘 씁니다.)
Mínghào Hànzì xiě de yòu kuài yòu hǎo.

周末^{주말}在家又看电视又玩^{놀다}游戏^{게임}。
Zhōumò zài jiā yòu kàn diànshì yòu wán yóuxì.
(주말에 집에서 텔레비전을 보거나 게임을 합니다.)

2. 就 jiù

A. 곧, 즉시, 당장 ☞ 시간의 짧음이나 빠름을 나타낸다.

我早上六点^시就起来^{일어나다}了, 三十分^분钟就写完了作业。
Wǒ zǎoshang liù diǎn jiù qǐlái le, sānshí fēnzhōng jiù xiěwánle zuòyè.
(저는 아침 6시에 일어나서 30분만에 과제물을 다 끝냈습니다.)

你等一下, 我就来。 (잠깐만 기다리세요, 곧 가겠습니다.)
Nǐ děng yí xià, wǒ jiù lái.

B. ~면, ~이상 ☞ 앞의 조건 아래 어떠하다는 뜻을 나타낸다.

你去, 我就去。 (당신이 간다면 저도 가겠습니다.)
Nǐ qù, wǒ jiù qù.

努力^{열심히 하다}学习, 就能学好。 (열심히 공부하면 많은 것을 배울 수 있습니다.)
Nǔlì xuéxí, jiù néng xué hǎo.

1. 본문의 내용과 맞으면 ○, 틀리면 ✕ 하세요.

学校食堂在一楼。　　　　　(　　)
Xuéxiào shítáng zài yī lóu.

食堂的饭菜味道不好。　　　(　　)
Shítáng de fàncài wèidao bù hǎo.

韩国方便面很辣。　　　　　(　　)
Hánguó fāngbiànmiàn hěn là.

2. 한자로 써 보세요.

wǔfàn　　　　(　　　　　　　　　　　　　　　)

shítáng　　　(　　　　　　　　　　　　　　　)

páiduì　　　(　　　　　　　　　　　　　　　)

pàocài　　　(　　　　　　　　　　　　　　　)

fāngbiànmiàn (　　　　　　　　　　　　　　　)

xíguàn　　　(　　　　　　　　　　　　　　　)

3. 성격이 다른 단어를 찾아 ☑ 하세요.

◆ 广东　　　　　山西　　　　　　河北　　　　　越南
　 Guǎngdōng　　Shānxī　　　　 Héběi　　　　 Yuènán
　 ☐　　　　　　☐　　　　　　　☐　　　　　　☐
　 TIP 中国地名Zhōgguódìmíng

◆ 筷子　　　　　勺子　　　　　　咖啡　　　　　叉子　　　　刀
　 kuàizi　　　 sháozi　　　　 kāfēi　　　　 chāzi　　　 dāo
　 ☐　　　　　　☐　　　　　　　☐　　　　　　☐　　　　☐
　 TIP 餐具cānjù

◆ 酸　　　　甜　　　　苦　　　　酒　　　　咸
　 suān　　　 tián　　　 kǔ　　　　jiǔ　　　　xián
　 □　　　　 □　　　　 □　　　　 □　　　　 □
　 TIP **味道** wèidào

◆ 乌冬　　　 汉堡　　　 牛排　　　 排队　　　 烤肉
　 wūdōng　　hànbǎo　　niúpái　　páiduì　　 kǎoròu
　 □　　　　 □　　　　 □　　　　 □　　　　 □
　 TIP **食品** shípǐn

4. 순서에 맞게 나열하세요.

◆ 十五的　又　圆　亮　又　月亮 → (　　　　　　　　　　　　)

◆ 我　就　马上　来 → (　　　　　　　　　　　　)

5. 빈칸을 채우고, (　)안의 원하는 단어를 선택하여 문장을 완성하세요.

　　　我们学校有＿＿＿个学生食堂, 今天我(在 / 不在)学校食堂吃饭。饭菜味

道(很好 / 一般), 在家我自己(做 / 不做)饭。我们家＿＿＿做饭最好, 我最喜

欢的菜是＿＿＿。

자주 쓰는 표현

我请客。Wǒ qǐngkè. (제가 한턱내겠습니다.)

随便。Suíbiàn. (마음대로 하세요.)

不要了。Bú yào le. (더 이상은 필요 하지 않습니다.)

算了。Suànle. (됐습니다.) = 得了 Déle.
　　상대방에게 자신의 의사를 포기하거나 행동을 중지하라고 말할 때 사용한다.

CHOICE 〉〉〉

A: 你一般在哪儿吃午饭?
Nǐ yìbān zài nǎr chī wǔfàn?
B: 食堂。／饭店레스토랑。
Shítáng. / Fàndiàn.

A: 你喜欢吃方便面吗?
Nǐ xǐhuan chī fāngbiànmiàn ma?
B: 喜欢。／不太喜欢。
Xǐhuan. / Bú tài xǐhuan.

A: 你知道学校食堂今天吃什么吗?
Nǐ zhīdào xuéxiào shítáng jīntiān chī shénme ma?
B: 知道。／不知道。
Zhīdào. / Bù zhīdào.

DIALOGUE 〉〉〉

王丽: 　好辣，好辣!
Wáng Lì: 　Hǎo là, hǎo là!
金建宇: 不习惯습관이就少적다吃点儿吧。
Jīn Jiànyǔ: Bù xíguàn jiù shǎo chī diǎnr ba.

王丽: 　我不怕두려워하다辣，越辣越好。
Wáng Lì: 　Wǒ bú pà là, yuè là yuè hǎo.
金建宇: 你老家고향是四川사천성吗?
Jīn Jiànyǔ: Nǐ lǎojiā shì Sìchuān ma?

越…越… yuè…yuè… [부] …하면 할수록…하다.

어휘 PLUS

[吧·呢·嘛]

진술·의문·명령·감탄 등의 구별을 나타내는 조사이다.

吧 ba	上海^{상해}可能不下雪吧。(상해는 눈이 오지 않죠?) Shànghǎi kěnéng bú xià xuě ba. ☞ 그다지 확실하지 않음을 나타낸다.
呢 ne	电影很长^{길다}, 三个小时呢。(영화가 너무 길어. 세 시간이나 하잖아.) Diànyǐng hěn cháng, sān ge xiǎoshí ne. ☞ 확실한 사실이나 상대방을 설득함을 나타낸다.
嘛 ma	渴^{목마르다}了就喝水嘛。(갈증이 나면 물을 마시세요.) Kěle jiù hē shuǐ ma. ☞ 명백히 알 수 있음을 나타낸다.

['(一)点儿'과 '有(一)点儿'의 차이]

모두 '좀·약간' 등 정도가 미미하다는 의미로 쓰인다. '一点儿'은 수량이 적음을 나타내는 부정양사(不定量詞)로서 대체로 관형어(冠形語)가 되어 명사를 수식하거나 동사나 형용사 뒤에 쓰여 보어의 역할을 한다. '一点儿'이 동사나 형용사 뒤에 쓰이는 경우에는 '一'를 생략할 수 있다. '有(一)点儿'은 부사로서 대체로 부사어가 되어 동사나 형용사를 수식한다. '만족스럽지 못함'이나 '마음대로 할 수 없음'을 나타낸다.

我有点儿饿^{배고프다}, 想吃一点儿东西。(난 배가 좀 고파서 뭐 좀 먹고 싶습니다.)
Wǒ yǒu diǎnr è, xiǎng chī yì diǎnr dōngxi.

周末^{주말}我有点儿时间^{시간}, 想看一点儿书, 学一点儿习。
Zhōumò wǒ yǒu diǎnr shíjiān, xiǎng kàn yì diǎnr shū, xué yì diǎnr xí.
(주말에 난 시간이 좀 있어서 책도 좀 보고 공부도 좀 할 생각입니다.)

我们有点儿晚了, 快一点儿吧。(우리 좀 늦었으니 빨리 좀 갑시다.)
Wǒmen yǒu diǎnr wǎn le, kuài yì diǎnr ba.

[食堂·饭店·饭馆儿·餐厅·酒店]

食堂 shítáng	학교나 관공서, 공장 등 내에 설치된 음식점을 말한다.
饭店 fàndiàn	호텔을 지칭하기도 하며, 규모가 크거나 작은 음식점을 모두 말한다.
饭馆儿 fànguǎnr	작은 규모의 음식점을 말한다.
餐厅 cāntīng	서양식 음식점인 '레스토랑^{restaurant}'을 말한다.
酒店 jiǔdiàn	'宾馆 bīnguǎn^{호텔}'을 말한다.

第七课 乒乓球比赛

今天是全校各系进行乒乓球对抗赛的日子。王丽和我作为经
Jīntiān shì quánxiào gè xì jìnxíng pīngpāngqiú duìkàngsài de rìzi. Wáng Lì hé wǒ zuòwéi Jīng

营系的代表出战混合双打。最近我们一有空就练习，比赛时也充
yíng xì de dàibiǎo chūzhàn hùnhé shuāngdǎ. Zuìjìn wǒmen yì yǒukòng jiù liànxí, bǐsài shí yě chōng

分发挥了水平，以2比1获胜。我们系的同学们给我们热烈鼓掌。
fèn fāhuīle shuǐpíng, yǐ èr bǐ yī huòshèng. Wǒmen xì de tóngxuémen gěi wǒmen rèliè gǔzhǎng.

王丽乒乓球打得很好，中国人的球技果然名不虚传啊！经常运动
Wáng Lì pīngpāngqiú dǎ de hěn hǎo, zhōngguórén de qiújì guǒrán míngbùxūchuán a! Jīngcháng yùndòng

不仅有利于身体健康，还可以促进朋友间的交往，是我们生活中
bùjǐn yǒulì yú shēntǐ jiànkāng, hái kěyǐ cùjìn péngyou jiān de jiāowǎng, shì wǒmen shēnghuó zhōng

必不可少的一项活动。
bìbùkěshǎo de yí xiàng huódòng.

단어

乒乓球 pīngpāngqiú [명] 탁구
比赛 bǐsài [명][동] 시합(하다)
全校 quánxiào [명] 전교
各 gè [대] 여러
　　☞ 하나가 아니고 수효가 여럿임을 나타냄
进行 jìnxíng [동] 진행하다, (어떠한 활동을) 하다
对抗赛 duìkàngsài [명] 대항전
日子 rìzi [명] 날, 날짜
作为 zuòwéi [동] (사람의) ~의 신분(자격)으로서,
　　(사물의) ~의 성격으로서
代表 dàibiǎo [명][동] 대표(하다)
出战 chūzhàn [동] 출전하다, 시합에 나가다
混合双打 hùnhé shuāngdǎ [명] 혼합 복식
最近 zuìjìn [명] 최근, 요즘
有空 yǒukòng [동] 틈(짬, 겨를)이 있다
练习 liànxí [명][동] 연습(하다), 익히다
时 shí [명] ~때, 시기
充分 chōngfèn [부][형] 충분히, 십분, 충분하다
发挥 fāhuī [동] 발휘하다
水平 shuǐpíng [명] 수준
以 yǐ [전] ~(으)로
比 bǐ [동] (경기에서의) 대
获胜 huòshèng [동] 승리하다, 이기다

热烈 rèliè [형] 열렬하다
鼓掌 gǔzhǎng [동] 손뼉 치다, 박수치다
球技 qiújì [명] (구기의) 공을 다루는 기술
果然 guǒrán [부] 과연, 생각한 대로
名不虚传 míngbùxūchuán [성어] 명실상부하다, 명
　　성과 사실이 부합되다
啊 a [조] ☞ 문장의 끝에 쓰여 감탄·찬탄 따위의 어세
　　를 돕는데 쓰임
经常 jīngcháng [부] 늘, 언제나, 항상
不仅…还… bùjǐn…hái… [접] …뿐만 아니라…이다
有利 yǒulì [형] 유익(유리)하다
于 yú [전] ~에, ~에게 ☞ 동작의 대상을 나타냄
健康 jiànkāng [형] 건강(하다)
促进 cùjìn [동] 촉진하다
间 jiān [명] 사이, 중간
交往 jiāowǎng [명][동] 교제(하다)
生活 shēnghuó [명][동] 생활(하다)
中 zhōng [명] 중, 속, 안, 내 ☞ 범위를 나타냄
必不可少 bìbùkěshǎo [성어] 꼭 필요하다,
　　필요불가결하다
项 xiàng [양] 가지, 조항
　　☞ 항목을 나누는 사물을 세는 단위

1. 一…就… yī…jiù… 어떤 행동이나 상황이 일어난 후 또 다른 행동이나 상황이 곧 바로 이어져
   결과가 이루어짐을 말한다.

   一说就明白^{이해하다}了。 (말하자마자 알게 되었습니다.)
   Yì shuō jiù míngbai le.

   他一写完作业, 就开始^{시작하다}上网^{인터넷을 하다}。
   Tā yì xiě wán zuòyè, jiù kāishǐ shàngwǎng.
   (그는 숙제를 다 끝내자마자 인터넷을 하기 시작했습니다.)

2. 果然 guǒrán 예측한 상황이나 사실이 결과와 맞을 때 사용한다.

   他说今天有雨, 果然下雨了。
   Tā shuō jīntiān yǒu yǔ, guǒrán xià yǔ le.
   (그가 오늘 비가 온다고 했는데 아니나 다를까 정말 비가 내렸습니다.)

   听说^{~라고 들었다}电影很好看, 果然不错^{괜찮다}。
   Tīngshuō diànyǐng hěn hǎokàn, guǒrán búcuò.
   (영화가 재미있다고 들었는데 정말 괜찮았습니다.)

3. 不仅…还… bùjǐn…hái… 오직 앞에서 설명하는 부분에 한정된 것이 아니라는 전제하에 뒷절에
   서도 그러한 판단이나 결과가 나타남을 말한다.

   水果^{과일}沙拉^{샐러드}不仅好吃, 还含有^{함유하다}维生素^{비타민}C。
   Shuǐguǒ shālā bùjǐn hǎochī, hái hányǒu wéishēngsù C.
   (과일 샐러드는 맛이 좋을 뿐만 아니라 비타민 C도 많이 함유되어 있습니다.)

   面包店^{빵집}不仅卖^{팔다}面包, 还卖牛奶。 (빵집에는 식빵뿐만 아니라 우유도 팝니다.)
   Miànbāo diàn bùjǐn mài miànbāo, hái mài niúnǎi.

연습 문제

1. 본문의 내용과 맞으면 ◯, 틀리면 ✕ 하세요.

最近我常常练习打乒乓球。 (　　)
Zuìjìn wǒ chángcháng liànxí dǎ pīngpāngqiú.

我们输^{패하다}了比赛。 (　　)
Wǒmen shūle bǐsài.

生活中不能^{안된다}没有运动。 (　　)
Shēnghuó zhōng bù néng méiyǒu yùndòng.

2. 한자로 써 보세요.

pīngpāngqiú 　(　　　　　　　　　　　　　　)

rìzi 　　　　 (　　　　　　　　　　　　　　)

zuòwéi 　　　 (　　　　　　　　　　　　　　)

shuǐpíng 　　 (　　　　　　　　　　　　　　)

guǒrán 　　　 (　　　　　　　　　　　　　　)

jiāowǎng 　　 (　　　　　　　　　　　　　　)

3. 성격이 다른 단어를 찾아 ☑ 하세요.

◆ 地球　　　　足球　　　　羽毛球　　　　篮球　　　　棒球
　　dìqiú　　　 zúqiú　　　 yǔmáoqiú　　 lánqiú　　　bàngqiú
　　☐　　　　　☐　　　　　☐　　　　　　☐　　　　　☐
　　TIP 运动^{yùndòng}

◆ 裁判　　　　比赛　　　　比分　　　　法官　　　　啦啦队
　　cáipàn　　 bǐsài　　　 bǐfēn　　　 fǎguān　　　lālāduì
　　☐　　　　　☐　　　　　☐　　　　　☐　　　　　☐
　　TIP 比赛^{bǐsài}

◆ 冠军　　　　　将军　　　　　亚军　　　　　季军
guànjūn　　　　jiāngjūn　　　　yàjūn　　　　　jìjūn
□　　　　　　　□　　　　　　　□　　　　　　　□
　TIP 名次míngcì

◆ 登山　　　　　游泳　　　　　跑步　　　　　长白山　　　　　呼啦圈
dēngshān　　　yóuyǒng　　　pǎobù　　　　chángbáishān　　hūlāquān
□　　　　　　　□　　　　　　　□　　　　　　　□　　　　　　　□
　TIP 运动yùndòng

4. 순서에 맞게 나열하세요.

◆ 不运动　一　就　发胖　　　　→ (　　　　　　　　　　　　　)

◆ 好吃　果然　泡菜　韩国的　　→ (　　　　　　　　　　　　　)

◆ 我　不仅　还　会画画　会书法 → (　　　　　　　　　　　　　)

5. 빈칸을 채우고, ( )안의 원하는 단어를 선택하여 문장을 완성하세요.

听说, 中国有句俗话súhuà, 속담, "饭后_____步bù, 걸음走, 活huó, 생존하다到_____。"

是说经常运动对身体健康很有好处。我(喜欢 / 不喜欢)运动, 最喜欢_____。

자주 쓰는 표현

拜托! Bàituō! (부탁드립니다.)
　　어떤 일의 도움을 청할 때 주로 사용한다.

辛苦。Xīnkǔ. (수고하십시오.)

恭喜, 恭喜! Gōngxǐ, gōngxǐ! (축하합니다.)

请多关照。Qǐng duō guānzhào. (많이 보살펴 주시기 바랍니다.)

회화 PLUS

CHOICE 〉〉〉

A: 这个学期学校有比赛吗?
   Zhè ge xuéqī xuéxiào yǒu bǐsài ma?
B: 有。／不知道。
   Yǒu. / Bù zhīdào.

A: 你会打乒乓球吗?
   Nǐ huì dǎ pīngpāngqiú ma?
B: 会。／不会。
   Huì. / Bú huì.

A: 你也经常运动吗?
   Nǐ yě jīngcháng yùndòng ma?
B: 很少。／经常。
   Hěn shǎo. / Jīngcháng.

DIALOGUE 〉〉〉

王丽:　　　今天真有意思!
Wáng Lì:　Jīntiān zhēn yǒu yìsi!
金建宇:　是啊, 你打得也真不错。
Jīn Jiànyǔ: Shì a, nǐ dǎ de yě zhēn búcuò.

王丽:　　　哪里, 哪里^{천만에}。
Wáng Lì:　Nǎli, nǎli.
金建宇:　还很谦虚^{겸손하다}呢。
Jīn Jiànyǔ: Hái hěn qiānxū ne.

【的·得·地】

的 de	他的妹妹很聪明똑똑하다。(그의 여동생은 아주 똑똑합니다.) Tā de mèimei hěn cōngmíng.
	那个男的喜欢吃辣맵다的。(그 남자는 매운 음식 먹는 것을 좋아합니다.) Nàge nán de xǐhuān chī là de.
	我向往동경하다幸福행복的生活。(나는 행복한 생활을 그리워합니다.) Wǒ xiàngwǎng xìngfú de shēnghuó.
	☞ 소유·소속 관계 등을 나타내는 구조조사이다.
得 de	兔子토끼跑뛰다得快。(토끼는 빨리 뜁니다.) Tùzi pǎo de kuài.
	乌龟거북跑得不快。(거북은 느립니다.) Wūguī pǎo de bú kuài.
	你汉语学得好不好?(당신은 중국어를 잘 합니까?) Nǐ hànyǔ xué de hǎo bù hǎo?
	☞ 동사나 형용사 뒤에 쓰여 가능, 결과, 정도 등을 나타내는 구조조사이다.
地 de	天하늘渐渐점점地黑어둡다了。(하늘이 점점 어두워졌습니다.) Tiān jiànjiàn de hēi le.
	大家快乐地过보내다了暑假여름방학。(모두들 여름방학을 즐겁게 보냈습니다.) Dàjiā kuàilè de dùguòle shǔjià.
	孩子们快快乐乐地游玩뛰놀다, 认认真真地착실하게学习。 Háizimen kuàikuàilèlè de yóuwán, rènrènzhēnzhēn de xuéxí. (아이들은 즐겁게 뛰어놀고 착실하게 공부를 합니다.)
	☞ 부사어의 뒤에 붙는 구조조사이다.

【스포츠】

保龄球 bǎolíngqiú 볼링	蹦极 bèngjí 번지점프	壁球 bìqiú 스쿼시	橄榄球 gǎnlǎnqiú 럭비	高尔夫球 gāoěrfūqiú 골프
滑冰 huábīng 스케이트	滑雪 huáxuě 스키	马拉松 mǎlāsōng 마라톤	门球 ménqiú 게이트볼	攀岩 pānyán 암벽타기
柔道 róudào 유도	台球 táiqiú 당구	跆拳道 táiquándào 태권도	网球 wǎngqiú 테니스	自行车 zìxíngchē 싸이클

第八课　医院

星期二的"消费者活动"课是和王丽一起听的课。可是今天上
Xīngqī'èr de "Xiāofèizhě huódòng" kè shì hé Wáng Lì yìqǐ tīng de kè. Kěshì jīntiān shàng

课时一直没有见到她。下了课，联系了一下才知道，原来是肚子
kè shí yìzhí méiyǒu jiàndào tā. Xiàle kè, liánxile yíxià cái zhīdào, yuánlái shì dùzi

疼得厉害正在医院急救室呢。看到她难受的样子，我也很心疼。
téng de lìhai zhèngzài yīyuàn jíjiùshì ne. Kàndao tā nánshòu de yàngzi, wǒ yě hěn xīnténg.

好在检查结果没发现大的问题，医生嘱咐先吃点儿药，注意调节
Hǎozài jiǎnchá jiéguǒ méi fāxiàn dà de wèntí, yīsheng zhǔfu xiān chī diǎnr yào, zhùyì tiáojié

饮食就可以了。
yǐnshí jiù kěyǐ le.

医院 yīyuàn [명] 병원, 의원

听课 tīngkè [동] 수업을 받다, (전공이외의 과목을)
청강하다

上课 shàngkè [동] 수업하다

见到 jiàndào [동] 목격하다, 보다, 만나다

下课 xiàkè [동] 수업이 끝나다, 수업을 마치다

联系 liánxì [명][동] 연락(하다), 연계(하다)

一下 yíxià [수량사] 한 번
☞ 동사 뒤에 놓여 '좀 ~해보다'라는 뜻으로 쓰임

才 cái [부] 이제서야, ~이 되어서야
☞ 일·동작이 방금 발생했거나, 반대로 늦게 발
생한 것을 나타냄

原来 yuánlái [부] 알고 보니
☞ 실제 상황을 알아냈음을 나타냄

肚子 dùzi [명] 배, 복부

疼 téng [동] 아프다

厉害 lìhai [형] 심하다, 지독하다

正在…呢 zhèngzài…ne [부] 마침, 한창
☞ '~하고 있는 중이다'라는 뜻을 나타냄

急救室 jíjiùshì [명] 응급실

难受 nánshòu [형] (육체적·정신적으로)
견딜 수 없다, 괴롭다

心疼 xīnténg [동] 애석해하다

好在 hǎozài [부] 다행히, 운 좋게

检查 jiǎnchá [명] 검사, 점검

结果 jiéguǒ [명] 결과, 결실

发现 fāxiàn [명][동] 발견(하다)

问题 wèntí [명] 탈, 문젯거리, 의외의 사건

嘱咐 zhǔfu [명][동] 당부(하다), 분부(하다)

先 xiān [부] 먼저, 우선

药 yào [명] 약

注意 zhùyì [동] 주의하다, 유의하다

调节 tiáojié [동] 조절하다

饮食 yǐnshí [명] 음식

消费者活动 Xiāofèizhě huódòng 소비자 행동

어법 설명

1. 正在…呢 zhèngzài…ne 시간과 상태의 지속을 나타낸다.

现在正在上课呢。(지금은 마침 수업을 하고 있는 중입니다.)
Xiànzài zhèngzài shàngkè ne.

外面正在下雨呢。(밖에는 마침 비가 내리고 있는 중입니다.)
Wàimian zhèngzài xià yǔ ne.

同学们正在唱^{부르다}汉语歌^{노래}呢。
Tóngxué men zhèngzài chàng hànyǔ gē ne.
(학우들은 마침 중국어 노래를 부르고 있는 중입니다.)

2. 好在 hǎozài 일이 뜻밖에 잘 되어 좋음을 나타낸다.

下雨了，好在带^{지니다}了雨伞^{우산}。(비가 오지만 다행히 우산을 가지고 왔습니다)
Xià yǔ le, hǎozài dàile yǔsǎn.

今天起床^{기상하다}晚了，好在没迟到^{지각하다}。
Jīntiān qǐchuáng wǎn le, hǎozài méi chídào.
(오늘은 늦게 일어났지만 운 좋게 지각하지 않았습니다.)

书包^{책가방}丢^{잃다}了，好在里面没有重要的东西。
Shūbāo diū le, hǎozài lǐmian méiyǒu zhòngyào de dōngxi.
(책가방을 잃어버렸지만 다행히 가방 안에는 중요한 물건이 없었습니다.)

1. 본문의 내용과 맞으면 ◯, 틀리면 ✕ 하세요.

今天王丽缺课^{결석하다}了。   (   )
Jīntiān Wáng Lì quē kè le.

王丽的病很重^{심하다}。   (   )
Wáng Lì de bìng hěn zhòng.

医生说王丽不用^{~할 필요가 없다}吃药。   (   )
Yīshēng shuō Wáng Lì bú yòng chī yào.

2. 한자로 써 보세요.

tīngkè   (   )

liánxì   (   )

yuánlái   (   )

lìhai   (   )

zhùyì   (   )

yǐnshí   (   )

3. 성격이 다른 단어를 찾아 ☑ 하세요.

◆ 头   胖   手   腿   腰
  tóu   pàng   shǒu   tuǐ   yāo
  ☐   ☐   ☐   ☐   ☐
  TIP 身体部位^{shēntǐ bùwèi}

◆ 救护车   医生   手术刀   老师   护士
  jiùhùchē   yīsheng   shǒushùdāo   lǎoshī   hùshi
  ☐   ☐   ☐   ☐   ☐
  TIP 医院^{yīuàn}

◆ 头疼　　　　　发烧　　　　　难受　　　　　头晕　　　　　头发
　tóuténg　　　　fāshāo　　　　nánshòu　　　　tóuyūn　　　　tóufa
　　□　　　　　　□　　　　　　□　　　　　　□　　　　　　□
　TIP 病症 bìngzhèng

◆ 迟到　　　　　早退　　　　　旷课　　　　　请客　　　　　请假
　chídào　　　　zǎotuì　　　　kuàngkè　　　　qǐngkè　　　　qǐngjià
　　□　　　　　　□　　　　　　□　　　　　　□　　　　　　□
　TIP 出席簿 chūxíbù

4. 순서에 맞게 나열하세요.

◆ 做饭　妈妈　呢　正在　　　　→ (　　　　　　　　　　　　　　　　　)

◆ 衣服脏了,　一件　好在　还有 → (　　　　　　　　　　　　　　　　　)

5. 빈칸을 채우고, (　)안의 원하는 단어를 선택하여 문장을 완성하세요.

　　　我的身体(很 / 不太)好, (很少 / 经常)上医院看病, 也(很少 / 经常)

感冒 gǎnmào, 감기 发烧 fāshāo, 열이 나다。我(喜欢 / 不喜欢)医院的环境 huánjìng, 환경。

자주 쓰는 표현

听你的。Tīng nǐ de. (당신 말대로 하겠습니다.)

不要紧。Bú yàojǐn. (대수롭지 않습니다.)

没什么。Méishénme. (별 것 아닙니다.)

没问题。Méi wèntí. (아무 문제가 없습니다.)

CHOICE >>>

A: 今天有人因~때문에病缺课吗?

Jīntiān yǒu rén yīn bìng quē kè ma?

B: 有。/ 没有。

Yǒu. / Méiyǒu.

A: 你经常得病병에 걸리다吗?

Nǐ jīngcháng dé bìng ma?

B: 经常。/ 不经常。

Jīngcháng. / Bù jīngcháng.

A: 你上次지난 번感冒감기에 걸리다是在什么时候언제?

Nǐ shàng cì gǎnmào shì zài shénme shíhou?

B: 不久오래다以前이전。/ 很久以前。

Bù jiǔ yǐqián. / Hěn jiǔ yǐqián.

DIALOGUE >>>

王丽: 谢谢你来看我。

Wáng Lì: Xièxie nǐ lái kàn wǒ.

金建宇: 怎么样어떠하다, 好点儿了吗?

Jīn Jiànyǔ: Zěnmeyàng, hǎo diǎnr le ma?

王丽: 现在지금好多了。

Wáng Lì: Xiànzài hǎo duō le.

金建宇: 祝빌다你早日조속한 시일康复건강을 회복하다。

Jīn Jiànyǔ: Zhù nǐ zǎorì kāngfù.

어휘 PLUS

【진료과】

超声科 chāoshēngkē 초음파실	儿科 érkē 소아과	放射科 fàngshèkē 방사선과	妇产科 fùchǎnkē 산부인과
感染科 gǎnrǎnkē 감염(내)과	精神心理科 jīngshénxīnlǐkē 정신과	口腔科 kǒuqiāngkē 구강과	内科 nèikē 내과
皮肤科 pífūkē 피부과	外科 wàikē 외과	五官科 wǔguānkē 이비인후과	肿瘤科 zhōngliúkē 종양(내·외)과

门诊 ménzhěn [명] (외래) 진료, 진찰

【유행병】

非典 fēidiǎn 사스	甲型流感 jiǎxíng liúgǎn 신종인플루엔자	禽流感 qínliúgǎn 조류인플루엔자

【주요 신체관련 단어】

鼻子 bízi 코	脖子 bózi 목	耳朵 ěrduo 귀
眉毛 méimao 눈썹	舌头 shétou 혀	下巴 xiàba 턱
牙齿 yáchǐ 이	眼睛 yǎnjing 눈	嘴巴 zuǐba 입

第九课 超市

　　王丽和我一起去易买得超市买了点儿日常生活用品。因为是
Wáng Lì hé wǒ　yìqǐ　qù　Yìmǎidé chāoshì mǎile　diǎnr rìcháng shēnghuó yòngpǐn. Yīnwèi shì

周末，所以人很多。我们先买了牙膏、牙刷、香波、护发素什么的，
zhōumò,　suóyǐ rén hěn duō. Wǒmen xiān mǎile yágāo、yáshuā、xiāngbō、　hùfàsù shénmede,

然后到食品区逛了逛。王丽特别喜欢韩国的年糕。五颜六色的
ránhòu dào shípǐnqū guàng le guàng. Wáng Lì tèbié xǐhuan Hánguó de niángāo.　Wǔyán-liùsè de

年糕看起来都很好吃，不知道买哪个好了。所以就买了看起来最好
niángāo kàn qǐlai dōu hěn hǎo chī,　bù zhīdào mǎi nǎge hǎo le.　Suóyǐ jiù mǎile kàn qǐlai zuì hǎo

吃的"彩虹年糕"和"糯米糕"，坐在回学校的校车上美美地吃了一顿。
chī de "Cǎihóng niángāo" hé "Nuòmǐ gāo",　zuò zài huí xuéxiào de xiàochē shang měiměide chīle yí dùn.

단어

超市 chāoshì [명] 대형마켓, 슈퍼마켓

日常生活用品 rìcháng shēnghuó yòngpǐn
　　　　　　　　[명] 일상생활용품

因为…所以… yīnwèi…suóyǐ [접] ~때문에 ~하다

周末 zhōumò [명] 주말

牙膏 yágāo [명] 치약

牙刷 yáshuā [명] 칫솔

香波 xiāngbō [명] 샴푸(shampoo)

护发素 hùfàsù [명] 린스(rinse)

然后 ránhòu [접] 연후에, 그러한 후에

食品区 shípǐnqū [명] 식품코너

逛 guàng [동] 한가롭게 거닐다, 산보하다

年糕 niángāo [명] 떡

五颜六色 wǔyán－liùsè [성어] 가지각색,
　　　　　　　　　　여러 가지 빛깔

看起来 kàn qǐlai [동사구] 보기에, 보아하니

回 huí [동] 돌아 오다(가다)

校车 xiàochē [명] 스쿨버스, 교내버스

美美地 měiměide [부] 마음껏, 통쾌하게, 달콤하게

顿 dùn [양] 끼니 ☞ 식사의 횟수

고유명사

易买得 Yìmǎidé 이마트

彩虹年糕 Cǎihóng niángāo 무지개떡

糯米糕 Nuòmǐ gāo 인절미

1. 因为…所以… yīnwèi…suǒyǐ… 인과관계의 복합문에 자주 쓰이며, 앞절은 원인을 뒷절은 결과를 나타낸다.

   因为下雪, 所以街^{거리}上人不多。(눈이 오기 때문에 거리에는 사람이 많지 않습니다.)
   Yīnwèi xià xuě, suǒyǐ jiēshang rén bù duō.

   因为喝了咖啡, 所以睡不着^{잠들 수 없다}。(커피를 마셔서인지 잠을 잘 수가 없습니다.)
   Yīnwèi hēle kāfēi, suǒyǐ shuì bù zháo.

2. 先…然后… xiān…ránhòu… 순차적으로 발생하는 동작의 상호관계를 나타내며, 절과 절 사이는 서로 연관성이 있어 순서를 바꿀 수 없다.

   我们先看电影, 然后吃饭吧。(우리 먼저 영화를 본 후에 식사를 합시다.)
   Wǒmen xiān kàn diànyǐng, ránhòu chī fàn ba.

   先去北京, 然后去上海^{상해}。(먼저 북경에 간 후에 상해에 가려고 합니다.)
   Xiān qù Běijīng, ránhòu qù Shànghǎi.

3. 上 shang 높은 곳, 물체의 겉면에 있음을 표시하는 것 외에 어떤 사물의 범위 내에 있음을 나타낸다.

   画上有一个小孩^{어린이}。(그림 속에 어린아이 한 명이 있습니다.)
   Huà shang yǒu yí ge xiǎohái.

   在电视上看了一个新闻^{뉴스}。(텔레비전에서 뉴스를 봤습니다.)
   Zài diànshì shang kànle yí ge xīnwén.

연습 문제

1. 본문의 내용과 맞으면 ○, 틀리면 × 하세요.

   "易买得"是"E-MART"超市的中文^{중국어}名字。　　(　　)
   "Yìmǎidé" shì "E-MART"chāoshì de zhōngwén míngzi.

   年糕有很多种^{종류}漂亮的颜色。　　　　　　(　　)
   Niángāo yǒu hěn duō zhǒng piàoliang de yánsè.

   他们在超市里吃了年糕。　　　　　　　　(　　)
   Tāmen zài chāoshì li chīle niángāo.

2. 한자로 써 보세요.

   chāoshì　　(　　　　　　　　　　　　　　　　　)

   yòngpǐn　　(　　　　　　　　　　　　　　　　　)

   yáshuā　　(　　　　　　　　　　　　　　　　　)

   wǔyán-liùsè (　　　　　　　　　　　　　　　　　)

   cǎihóng　　(　　　　　　　　　　　　　　　　　)

   xiàochē　　(　　　　　　　　　　　　　　　　　)

3. 성격이 다른 단어를 찾아 ☑ 하세요.

◆ 日用品	食品	家电	电影	服装
riyòngpǐn	shípǐn	jiādiàn	diànyǐng	fúzhuāng
☐	☐	☐	☐	☐

   TIP 百货店商品^{Bǎihuòdiànshāngpǐn}

◆ 交通卡	卡车	打折卡	信用卡	电话卡
jiāotōngkǎ	kǎchē	dǎzhékǎ	xìnyòngkǎ	diànhuàkǎ
☐	☐	☐	☐	☐

   TIP 卡片^{kǎpiàn}

◆ 好吃　　　好看　　　好人　　　好听　　　好喝
　 hǎochī　　　hǎokàn　　　hǎorén　　　hǎotīng　　　hǎohē
　 □　　　　　□　　　　　□　　　　　□　　　　　□
　 TIP 形容词 xíngróngcí

◆ 食品　　　用品　　　药品　　　人品　　　商品
　 shípǐn　　　yòngpǐn　　　yàopǐn　　　rénpǐn　　　shāngpǐn
　 □　　　　　□　　　　　□　　　　　□　　　　　□
　 TIP 物品 wùpǐn

4. 순서에 맞게 나열하세요.

◆ 因为　所以　迟到了　起床晚 → (　　　　　　　　　　　)

◆ 先　然后　下雨　出彩虹　　 → (　　　　　　　　　　　)

◆ 网　有　电影　上　中国　　 → (　　　　　　　　　　　)

5. 빈칸을 채우고, ( )안의 원하는 단어를 선택하여 문장을 완성하세요.

　　我家附近的超市叫＿＿＿＿，那里的营业 yíngyè, 영업 时间是＿＿＿＿到＿＿＿＿。

　　星期＿＿＿＿人最多，我(经常 / 不常)去那儿买东西。我觉得那里价格(实

　　惠 shíhuì, 실속이 있다 / 比较贵)，质量 zhìliàng, 품질 (好 / 一般)，服务(很好 / 不太好)。

자주 쓰는 표현

请问。Qǐng wèn. (말씀 좀 여쭙겠습니다.)

真是的。Zhēnshide. (정말이지.)
　　대체로 불만스러움을 표할 때 사용한다.

不好意思。Bùhǎoyìsi. (미안해요. / 난처하네요.)

哪里，哪里。Nǎli, nǎli. (천만에요.)

회화 PLUS

CHOICE 〉〉〉

A: 你买生活用品常去哪儿?
　　Nǐ mǎi shēnghuó yòngpǐn cháng qù nǎr?
B: 超市。／小卖店^{상점}或百货商店^{백화점}。
　　Chāoshì. / Xiǎo màidiàn huò bǎihuò shāngdiàn.

A: 你看过做年糕吗?
　　Nǐ kànguo zuò niángāo ma?
B: 看过。／没看过。
　　Kànguo. / Méi kànguo.

A: 你更喜欢年糕还是蛋糕?
　　Nǐ gèng xǐhuan niángāo háishì dàngāo?
B: 年糕。／蛋糕。
　　Niángāo. / Dàngāo.

DIALOGUE 〉〉〉

王丽: 　　都这么漂亮。买哪种好呢?
Wáng Lì:　Dōu zhème piàoliang. Mǎi nǎ zhǒng hǎo ne?
金建宇: 一样^{종류별로}买一点儿吧。
Jīn Jiànyǔ: Yí yàng mǎi yì diǎnr ba.

王丽: 　　那也太^{너무}多了, 吃不完哪。
Wáng Lì:　Nà yě tài duō le, chī bù wán na.
金建宇: 没关系^{괜찮다}, 我帮^{돕다}你。
Jīn Jiànyǔ: Méi guānxi, wǒ bāng nǐ.

어휘 PLUS

【대형마켓】

家乐福 jiālèfú 까르푸^{Carrefour}	沃尔玛 wòěrmǎ 월마트^{Wal-Mart}

【양사】

사물의 수량 단위를 나타내는 "名量词 míng liàngcí"와 동작의 횟수 단위를 나타내는 "动量词 dòng liàngcí" 두 종류로 크게 나뉜다. "动量词" 몇 가지만 살펴보면 다음과 같다.

양사	병음	특징	구문
遍	biàn	처음부터 끝까지의 경험 (번, 차례, 회)	请给我念一遍≪小王子≫。 Qǐng gěi wǒ niàn yí biàn ≪Xiǎo wángzǐ≫. (제게 『어린왕자』를 한번 읽어 주십시오.)
场	cháng	자연 현상·병·재난·활동 등의 경과 횟수 (차례, 바탕, 회)	昨天晚上下了一场大雨。 zuótiān wǎnshang xiàle yì cháng dà yǔ. (어제 저녁에 한 차례 큰 비가 내렸습니다.)
次	cì	사물의 횟수나 순서 및 반복될 수 있는 동작 (번, 회수)	上海他去过多次。 Shànghǎi tā qùguo duō cì. (그는 상해에 여러 번 간 적이 있습니다.)
顿	dùn	식사·질책·권고·매도 등의 횟수 (끼, 바탕)	一天一顿饭能减肥吗? Yì tiān yí dùn fàn néng jiǎnféi ma? (하루에 한 끼 먹으면 다이어트에 도움이 됩니까?)
番	fān	동작의 횟수 (회, 차례, 번, 바탕)	为了写好一首歌, 他们三番五次地修改。 Wèile xiěhǎo yì shǒu gē, tāmen sānfān-wǔcì de xiūgǎi. (곡 하나를 완성하기 위하여 그들은 여러 번 수정했다.)
回	huí	동작·행위의 횟수 (번, 회, 차례)	我跟你说过几回了。 Wǒ gēn nǐ shuōguo jǐ huí le. (내가 당신에게 몇 번이나 말했습니다.)
趟	tàng	사람의 왕래 및 교통수단의 운행 횟수 (번, 차례)	我看你白跑这一趟。 Wǒ kàn nǐ bái pǎo zhè yí tàng. (당신이 이번에 헛걸음 한 것으로 보입니다.)
阵	zhèn	잠시 동안 지속되는 일이나 현상 (차례, 바탕)	我怀孕后肚子一阵一阵痛, 怎么办? Wǒ huáiyùn hòu dùzi yí zhèn yí zhèn tòng, zěnme bàn? (전 임신 후 배가 한 번씩 아파오는데, 어떻게 할까요?)

购物

王丽和我说好了在地铁 4号线明洞站 2号出口见面，一起去
Wáng Lì hé wǒ shuōhǎole zài dìtiě sì hào xiàn Míngdòngzhàn èr hào chūkǒu jiàn miàn, yìqǐ qù

买东西。午餐吃过炸猪排以后，我们四处逛了逛，看各种各样的
mǎi dōngxi. Wǔcān chīguo Zházhūpái yǐhòu, wǒmen sìchù guàng le guàng, kàn gèzhǒng-gèyàng de

服装、鞋、化妆品，还有咖啡厅、餐厅。王丽花了三万元买了一件
fúzhuāng、xié、huàzhuāngpǐn, háiyǒu kāfēitīng、 cāntīng. Wáng Lì huāle sān wàn yuán mǎile yí jiàn

浅橙色的T-恤衫，我买了一条牛仔裤。王丽说韩国的年轻人比较
qiǎn chéngsè de T-xùshān, wǒ mǎile yì tiáo niúzǎikù. Wáng Lì shuō Hánguó de niánqīng rén bǐ jiào

随和，穿着也简洁漂亮。还有，明洞和北京王府井大街有些相似。
suíhé, chuānzhuó yě jiǎnjié piàoliang. háiyǒu, Míngdòng hé Běijīng Wángfǔjǐng Dàjiē yǒu xiē xiāngsì.

단어

购物 gòuwù [명] 쇼핑(shopping), 구매
地铁 dìtiě [명] 지하철
线 xiàn [명] 교통노선
出口 chūkǒu [명] 출구
见面 jiàn miàn [동] 만나다
东西 dōngxi [명] 물건
午餐 wǔcān [명] 점심(밥)
以后 yǐhòu [명] 이후
四处 sìchù [명] 사방, 도처, 여러 곳
服装 fúzhuāng [명] 복장
鞋 xié [명] 신(발)
化妆品 huàzhuāngpǐn [명] 화장품
咖啡厅 kāfēitīng [명] 커피숍(coffee shop)
餐厅 cāntīng [명] 식당

花 huā [동] 쓰다, 소비하다
元 yuán [양] 원 ☞ 화폐단위
浅橙色 qiǎn chéngsè [명] 옅은 오렌지색
T-恤衫 T-xùshān [명] T-셔츠(shirts)
牛仔裤 niúzǎikù [명] 청바지
年轻人 niánqīng rén [명] 젊은이
比较 bǐjiào [부][동] 비교적, 대체로, 비교하다
随和 suíhé [형] (태도·성격 등이) 부드럽다, 상냥하다
穿着 chuānzhuó [명] 옷차림, 옷매무새, 차림새
简洁 jiǎnjié [형] 간단하고 깔끔하다
漂亮 piàoliang [형] 예쁘다, 보기 좋다
大街 dàjiē [명] 번화가, 큰 거리, 대로
些 xiē [양] 약간, 조금, 얼마간
相似 xiāngsì [형] 서로 비슷하다

고유명사

明洞站 Míngdòngzhàn 명동역
炸猪排 Zházhūpái 돈가스

王府井大街 Wángfǔjǐng Dàjiē 왕부정 거리

어법 설명

1. 好 hǎo 동사 뒤에 보어로 쓰여, 완성되었거나 잘 마무리되었음을 나타낸다. 예를 들면 "说好 shuōhǎo·穿好 chuānhǎo·做好·写好 xiěhǎo·准备好"등이 있다.

妈妈六点就做好了饭。(엄마는 6시에 밥을 다 하였습니다.)
Māma liù diǎn jiù zuòhǎole fàn.

大家^{모두}都准备^{준비}好了。(모두가 준비를 끝냈습니다.)
Dàjiā dōu zhǔnbèihǎo le.

我已经洗^{세탁}好了衣服。(나는 이미 옷을 다 빨았습니다.)
Wǒ yǐjīng xǐhǎole yīfu.

2. 些 xiē 명사 앞에 쓰여 확실하지 않은 수량을 나타내며, 형용사나 동사 뒤에 쓰면 '적은 양'을 말한다.

这个问题简单^{간단하다}些。(이 문제는 조금 간단합니다.)
Zhè ge wèntí jiǎndān xiē.

我出去买一些饮料。(난 음료수를 좀 사러 나가려고 합니다.)
Wǒ chūqu mǎi yì xiē yǐnliào.

这些年我心情不太好。(요즘 난 마음이 그다지 편치 않습니다.)
Zhèxiē nián wǒ xīnqíng bú tài hǎo.

1. 본문의 내용과 맞으면 ◯, 틀리면 ✕ 하세요.

地铁"明洞站"在2号线。　　(　)
Dìtiě "Míngdòng Zhàn"zài èr hào xiàn.

王丽买的T-恤衫是浅橙色的。(　)
Wáng Lì mǎi de T-xùshān shì qiǎn chéngsè de.

韩国年轻人的穿着很漂亮。　(　)
Hánguó niánqīng rén de chuānzhuó hěn piàoliang.

2. 한자로 써 보세요.

dìtiě　　　　(　　　　　　　　　　　　　　)

jiànmiàn　　(　　　　　　　　　　　　　　)

sìchù　　　(　　　　　　　　　　　　　　)

fúzhuāng　　(　　　　　　　　　　　　　　)

bǐjiào　　　(　　　　　　　　　　　　　　)

xiāngsì　　　(　　　　　　　　　　　　　　)

3. 성격이 다른 단어를 찾아 ☑ 하세요.

◆ 地铁	出租车	巴士	开车	电车
dìtiě	chūzūchē	bāshì	kāichē	diànchē
☐	☐	☐	☐	☐

TIP 交通工具名称 jiāotōng gōngjù míngchēng

◆ 上衣	裤子	裙子	脑袋	手袋
shàngyī	kùzi	qúnzi	nǎodai	shǒudài
☐	☐	☐	☐	☐

TIP 物品 wùpǐn

◆ 价格　　　式样　　　　考试　　　　质量　　　　品牌
　jiàgé　　　shìyàng　　　kǎoshì　　　zhìliàng　　　pǐnpái
　☐　　　　☐　　　　☐　　　　☐　　　　☐
TIP 商品 shāngpǐn

◆ 耐克　　　扑克　　　　阿迪达斯　　　锐步　　　　彪马
　nàikè　　　pūkè　　　　ādídásī　　　ruìbù　　　biāomǎ
　☐　　　　☐　　　　☐　　　　☐　　　　☐
TIP 品牌 pǐnpái

4. 순서에 맞게 나열하세요.

◆ 这　些　书　你的　是 → (　　　　　　　　　　　)

◆ 说好　时间　的　见面 → (　　　　　　　　　　　)

5. 빈칸을 채우고, (　)안의 원하는 단어를 선택하여 문장을 완성하세요.

　　有的人喜欢买衣服，我(也 / 不)是，看到新款 kuǎn, 스타일 的服装，我(很想买 /

没感觉)。我的衣服大多 dàduō, 대부분 是(自己 / 父母给)买的，我的旧 jiù, 낡다 衣服一

般(继续 jìxù, 계속(하다)穿 / 处理 chǔlǐ, 처리하다 掉 diào, ~해 버리다)。我觉得穿衣服最重要的＿＿

＿＿＿＿＿。

자주 쓰는 표현

怎么办? Zěnme bàn? (어떻게 하죠?)

无所谓。Wúsuǒwèi. (상관없습니다.)

我没听懂。Wǒ méi tīngdǒng. (알아들을 수가 없습니다.)

我听错了。Wǒ tīngcuò le. (잘못 알아들었습니다.)

CHOICE >>>

A: 明洞有很多服装店^{옷가게}, 对^{맞다}吗?
  Míngdòng yǒu hěn duō fúzhuāngdiàn, duì ma?
B: 对, 很多。／ 不对, 不多。
  Duì, hěn duō. ／ Bú duì, bù duō.

A: 三万元^{3만 원}买一件T-恤衫, 你觉得买贵^{비싸다}了还是便宜^{저렴하다}了?
  Sān wàn yuán mǎi yí jiàn T-xùshān, nǐ juéde mǎi guìle háishì piányi le?
B: 差不多^{별 차 없다}。／ 买贵了。
  Chàbùduō. ／ Mǎi guì le.

A: 你今天穿的是牛仔裤吗?
  Nǐ jīntiān chuān de shì niúzǎikù ma?
B: 不是。／ 是牛仔裤。
  Búshì. ／ Shì niúzǎikù.

DIALOGUE >>>

金建宇: 你真会~^{을 잘하다}买东西^{물건}。
Jīn Jiànyǔ: Nǐ zhēn huì mǎi dōngxi.

王丽:　那当然^{물론이다}, 这是我的强项^{특기}。
Wáng Lì:　Nà dāngrán, zhè shì wǒ de qiángxiàng.

金建宇: 我也有强项, 你猜^{맞추다}呢?
Jīn Jiànyǔ: Wǒ yě yǒu qiángxiàng, nǐ cāi ne?

王丽:　拎包^{가방을 들다}, 对吧?
Wáng Lì:　Līn bāo, duì ba?

어휘 PLUS

【花】

'(시간·돈·정신 등)을 소비하다, 쓰다, 소모하다'의 의미로 쓰인다.

花了两天看完了这本漫画书。(이틀 동안 이 만화책을 다 봤습니다.)
Huāle liǎng tiān kànwánle zhè běn mànhuàshū.

花钱买不到时间。(돈을 써서 시간을 살 수는 없습니다)
Huā qián mǎi bu dào shíjiān.

我们花了不少精力来学汉语。(우리는 많은 노력을 해서 중국어를 배웁니다.)
Wǒmen huāle bùshǎo jīnglì lái xué hànyǔ.

【교통수단】

出租车(的士) chūzūchē(dīshi) 택시	船 chuán 배	热气球 rèqìqiú 열기구	人力车 rénlìchē 인력거
货车 huòchē 화물차	摩托车 mótuōchē 오토바이	直升机 zhíshēngjī 헬리콥터	自行车 zìxíngchē 자전거

打工生活

暑假里我打了一份工，在一家"7-11"店里工作了一个月，
Shǔjià li wǒ dǎle yí fèn gōng, zài yì jiā "qī-shíyī" diàn li gōngzuòle yí ge yuè,

做售货员。我是上网找到这份工作的。虽然不太累，但是要做的
zuò shòuhuòyuán. Wǒ shì shàngwǎng zhǎodào zhè fèn gōngzuò de. Suīrán bú tài lèi, dànshì yào zuò de

事也不少，有时候忙得吃不上饭，工资也不算高。但是我想，打
shì yě bù shǎo, yǒushíhou máng de chī bushàng fàn, gōngzī yě bú suàn gāo. Dànshì wǒ xiǎng, dǎ

工不仅可以赚点儿工钱，更重要的是能够积累一些工作经验。
gōng bùjǐn kěyǐ zhuàn diǎnr gōngqián, gèng zhòngyào de shì nénggòu jīlěi yì xiē gōngzuò jīngyàn.

王丽有时候也假装来买东西，到店里故意左挑右捡。不管怎么说，
Wáng Lì yǒu shíhou yě jiǎzhuāng lái mǎi dōngxi, dào diànli gùyì zuǒ tiāo yòu jiǎn. Bùguǎn zěnme shuō,

她的确是我解闷开心的好朋友。
tā díquè shì wǒ jiěmèn kāixīn de hǎo péngyou.

단어

打工 dǎgōng [동] 아르바이트하다

暑假 shǔjià [명] 여름 방학(휴가)

份 fèn [양] 분, 분량

☞ 전체를 몇 개의 부분으로 나눈 각 부분

家 jiā [양] 가정, 집, 곳

☞ 가정·가게·기업 따위를 세는 단위

店 diàn [명] 상점

工作 gōngzuò [명][동] 일(하다), 작업(하다)

售货员 shòuhuòyuán [명] 점원, 판매원

上网 shàngwǎng [동] 인터넷을 하다

找 zhǎo [동] 구하다, 찾다

虽然…但是 suīrán…dànshì
[접] 비록…하지만, 그래도~

事 shì [명] 일, 사건, 사태

少 shǎo [형] 적다

有时候 yǒushíhou [명] 어떤 때는, 경우에 따라서(는)

忙 máng [형] 바쁘다

不上 bushàng [접미] ~하지 못하다

☞ 동사 뒤에 붙어 보어로 쓰임

工资 gōngzī [명] 임금, 노임

算 suàn [동] ~라고 여겨지다, 간주하다

高 gāo [형] 높다

想 xiǎng [동] 생각하다, 추측하다, ~라 여기다

赚 zhuàn [동] (돈을) 벌다

工钱 gōngqián [명] 품삯, 노임

重要 zhòngyào [형] 중요하다

能够 nénggòu [동] ~할 수 있다

☞ 어떤 능력을 구비하고 있거나, 어떤 효과를
얻을 수 있음을 표시함

积累 jīlěi [동] 축적되다, 쌓이다

经验 jīngyàn [명][동] 경험(하다), 체험(하다)

假装 jiǎzhuāng [동] 가장하다, (짐짓) ~체하다

故意 gùyì [동] 고의로, 일부러

左…右… zuǒ…yòu… 계속해서 빈번히 …하다

挑 tiāo [동] 고르다, 선택하다

捡 jiǎn [동] 고르다, 선택하다

不管 bùguǎn [접] ~에 관계없이, 어쨌든

的确 díquè [부] 참으로, 정말, 확실히

解闷 jiěmèn [동] 갑갑증을 풀다,
답답한 마음을 달래다

开心 kāixīn [형][동] 기쁘다, 기분 전환하다

어법 설명

1. 是…的 shì…de 일반적으로 분류를 나타낸다.

A. 동작의 발생이나 완성으로 서로가 알고 있음을 말한다. 시간, 장소, 대상, 목적, 공구 등을 강조하며, 때로는 "是"를 생략하기도 한다.

我不是昨天去的学校, 是前天去的。
Wǒ bú shì zuótiān qù de xuéxiào, shì qiántiān qù de.
(난 어제 학교에 가지 않았고, 그제 학교에 갔었습니다.)

B. "是"와 "的"는 모두 어기語氣를 나타내는 조사로 생략할 수 있다.

"地球지구是圆둥글다的。" 这么说是对的。 ("지구는 둥글다." 그 말이 맞습니다.)
"Dìqiú shì yuán de." zhème shuō shì duì de.

2. 不管 bùguǎn '이것저것 가리고 따지어 말할 것 없이'의 뜻을 나타내며, '不管…都(也)'의 형식으로 쓰인다.

不管天气날씨怎么样, 他从来이제까지不迟到지각하다。
Bùguǎn tiānqì zěnmeyàng, tā cónglái bù chídào.
(날씨가 어떠하든지 그는 이제까지 한 번도 늦은 적이 없습니다.)

不管你信믿다不信, 这是事实사실。 (당신이 믿거나 말거나 그건 사실입니다.)
Bùguǎn nǐ xìn bú xìn, zhè shì shìshí.

我不管中餐중식还是西餐양식都喜欢吃。
Wǒ bùguǎn zhōngcān háishì xīcān dōu xǐhuan chī.
(나는 중식이든 양식이든 모두 먹기를 좋아합니다.)

1. 본문의 내용과 맞으면 ◯, 틀리면 ✕ 하세요.

这份工作是在网上找到的。　　　　　(　)
Zhè fèn gōngzuò shì zài wǎng shang zhǎo dào de.

做这个工作不太忙。　　　　　　　(　)
Zuò zhège gōngzuò bú tài máng.

王丽是为了买东西去店里的吗?　　(　)
Wáng Lì shì wèile mǎi dōngxi qù diàn li de ma?

2. 한자로 써 보세요.

dǎgōng 　　　(　　　　　　　　　　　　　)

shǔjià 　　　(　　　　　　　　　　　　　)

shàngwǎng 　(　　　　　　　　　　　　　)

jīngyàn 　　　(　　　　　　　　　　　　　)

jiǎzhuāng 　　(　　　　　　　　　　　　　)

jiěmèn 　　　(　　　　　　　　　　　　　)

3. 성격이 다른 단어를 찾아 ☑ 하세요.

◆ 寒假　　　　暑假　　　　病假　　　　真假　　　　事假
　 hánjià　　　shǔjià　　　bìngjià　　　zhēnjiǎ　　　shìjià
　 ☐　　　　　☐　　　　　☐　　　　　☐　　　　　☐
　 TIP 休假 xiūjià

◆ 工资　　　　奖金　　　　计时　　　　年薪　　　　奖杯
　 gōngzī　　　jiǎngjīn　　　jìshí　　　niánxīn　　　jiǎngbēi
　 ☐　　　　　☐　　　　　☐　　　　　☐　　　　　☐
　 TIP 工资 gōngzī

◆ 门票   现金   信用卡   购物券   支票
ménpiào   xiànjīn   xìnyòngkǎ   gòuwùquàn   zhīpiào

☐   ☐   ☐   ☐   ☐

TIP 支付方式 zhīfùfāngshì

◆ 白班   夜班   午休   加班   航班
báibān   yèbān   wǔxiū   jiābān   hángbān

☐   ☐   ☐   ☐   ☐

TIP 工作 gōngzuò

4. 순서에 맞게 나열하세요.

◆ 昨天　下　的　雨　是　　　→ (　　　　　　　　　　　)

◆ 不管　都　他　什么书　喜欢看 → (　　　　　　　　　　　)

5. 빈칸을 채우고, ( )안의 원하는 단어를 선택하여 문장을 완성하세요.

假如我是老板, 我希望我的员工 yuángōng, 직원 性格 xìnggé, 성격 (开朗 kāilǎng, 명랑하다 / 内

向 nèixiàng, 침착하다), 工作态度 tàidu, 태도 (认真 rènzhēn, 성실하다 / 马虎 mǎhu, 건성건성하다), 工作能力

(出色 chūsè, 뛰어나다 / 一般), 一个星期可以工作_____天, 每天_____个小时, (可

以 / 不可以)出差 chūchāi, 출장。

자주 쓰는 표현

试试看。 Shìshikàn. (시험 삼아 해보겠습니다.)

回头见! Huítóu jiàn! (조금 있다가 봅시다.)

改天见! Gǎitiān jiàn! (다음에 봅시다.)

告辞了。 Gàocí le. (먼저 가봐야겠습니다.)
　　　　작별을 고할 때 사용한다.

회화 PLUS

CHOICE >>>

A: 你打算假期^{휴가기간}打工吗?
  Nǐ dǎsuan jiàqī dǎgōng ma?
B: 打算。／不打算。
  Dǎsuan. / Bù dǎsuan.

A: 你觉得自己可以用汉语做售货员吗?
  Nǐ juéde zìjǐ kéyǐ yòng hànyǔ zuò shòuhuòyuán ma?
B: 差不多。／差远了。
  Chàbuduō. / Chà yuǎn le.

A: 你希望的打工工资是多少?
  Nǐ xīwàng de dǎgōng gōngzī shì duōshao?
B: 每天五万左右。／越多越好。
  Měitiān wǔwàn zuǒyòu. / Yuè duō yuè hǎo.

DIALOGUE >>>

金建宇: 您好, 要点儿什么?
Jīn Jiànyǔ: Nín hǎo, yào diǎnr shénme?
王丽:　 一瓶可乐, 两个三明治^{샌드위치}。
Wáng Lì:　 Yì píng kělè, liǎng ge sānmíngzhì.

金建宇: 请拿好, 一共七千元。
Jīn Jiànyǔ: Qǐng náhǎo, yígòng qīqiān yuán.
王丽:　 谢谢。
Wáng Lì:　 Xièxie.

金建宇: 慢走, 欢迎再来。
Jīn Jiànyǔ: Màn zǒu, huānyíng zài lái.

어휘 PLUS

【左…右…】
같은 행위가 반복되는 것을 강조한다.

我左说右说他就是不同意。(제가 이러쿵저러쿵 얘기해도 그는 동의하지 않았습니다.)
Wǒ zuǒ shuō yòu shuō tā jiùshì bù tóngyì.

她左一套^{한벌}右一套买了很多衣服。(그녀는 이것저것 많은 옷을 샀습니다.)
Tā zuǒ yí tào yòu yí tào mǎile hěn duō yīfu.

为了解决这个难题^{난제}，科学家^{과학자}左思右想。
Wèile jiějué zhège nántí, kēxuéjiā zuǒ sī yòu xiǎng.
(이 곤란한 문제를 해결하기 위하여 과학자는 골똘히 생각을 했습니다.)

【직업】

厨师 chúshī 요리사	飞行员 fēixíngyuán 조종사	主持人 zhǔchírén MC	理发师 lǐfàshī 이발사	农民 nóngmín 농민
护士 hùshi 간호원	空中小姐 kōngzhōng xiǎojiě 여승무원	面包师 miànbāoshī 제빵사	模特儿 mótèr 모델	演员 yǎnyuán 배우
司机 sījī 운전사	工程师 gōngchéngshī 엔지니어	美容师 měiróngshī 미용사	会计师 kuàijìshī 회계사	律师 lǜshī 변호사

银行

昨天公司老板来了电话，告诉我打工的工资要打到银行帐户里，
Zuótiān gōngsī lǎobǎn láile diànhuà, gàosu wǒ dǎgōng de gōngzī yào dǎ dào yínháng zhànghù li,

不能给现金。看来我还得跑一趟银行，办个存折才行。我家附近
bùnéng gěi xiànjīn. Kàn lái wǒ hái děi pǎo yí tàng yínháng, bàn ge cúnzhé cái xíng. Wǒ jiā fùjìn

就有一家"国民银行"，我就去那儿了。到了银行办了个"活期"存折。
jiù yǒu yì jiā "Guómín Yínháng", wǒ jiù qù nàr le. Dàole yínháng bànle ge "huó qī" cúnzhé.

营业员还把一个马克杯送给我，说是作为对我第一次开户的祝贺。
Yíngyèyuán hái bǎ yí ge Mǎkèbēi sònggěi wǒ, shuōshì zuòwéi duì wǒ dìyícì kāihù de zhùhè.

正要走出银行大门的时候，我忽然想起王丽，于是又返回去，问那
Zhèng yào zǒuchū yínháng dàmén de shíhou, wǒ hūrán xiǎngqǐ Wáng Lì, yúshì yòu fǎnhuí qù, wèn nà

个女职员"可以再给我一个一样的杯子吗？"
ge nǚzhíyuán "Kěyǐ zài gěi wǒ yí ge yíyàng de bēizi ma?"

단어

银行 yínháng [명] 은행

老板 lǎobǎn [명] 주인, 사장

公司 gōngsī [명] 회사

电话 diànhuà [명] 전화

告诉 gàosu [동] 알리다, 말하다

帐户 zhànghù [명] 구좌, 계좌

现金 xiànjīn [명] 현금

跑 pǎo [동] (어떤 일을 위해서)분주히 뛰어 다니다

趟 tàng [양] 번, 차례

办 bàn [동] ~을 하다, 처리하다

存折 cúnzhé [명] 예금통장

行 xíng [형] 좋다, 괜찮다

附近 fùjìn [명] 부근, 근처

活期 huóqī [명] 보통예금

营业员 yíngyèyuán [명] 영업사원, 판매원, 점원

把 bǎ [전] ~으로, ~을(를) 가지고

开户 kāihù [동] (은행이나 증권거래소의)계좌를 개설하다.

祝贺 zhùhè [명][동] 축하(하다).

大门 dàmén [명] 대문, 정문

忽然 hūrán [부] 갑자기, 별안간, 돌연

返回 fǎnhuí [동] (원래의 곳으로) 되돌아가다, 되돌아오다

职员 zhíyuán [명] 직원, 사무원

杯子 bēizi [명] 컵, 잔

고유명사

国民银行 Guómín Yínháng 국민은행

马克杯 Mǎkèbēi 머그컵 ☞ 영어 'mug'의 음역

어법 설명

1. 趟 tàng 왕래하는 횟수를 나타낸다.

   他到北京去了一趟。(그는 북경에 한차례 다녀왔습니다.)
   Tā dào Běijīng qùle yí tàng.

   明天还有一趟去南京^{남경}的火车。(내일도 남경으로 떠나는 기차가 있습니다.)
   Míngtiān háiyǒu yí tàng qù Nánjīng de huǒchē.

2. 把 bǎ

   > 주어+把+목적어(어떠한 행동이나 동작의 처리대상)+동사+기타성분(처리결과)
   > 명사구1+把+명사구2+동사+在 / 到 / 给 / 成 / 完 ……

   把门关上。(문을 닫으십시오.)
   Bǎ mén guānshang

   我把钥匙^{열쇠}弄丢^{분실하다}了。(전 열쇠를 잃어버렸습니다.)
   Wǒ bǎ yàoshi nòngdiū le.

3. 忽然 hūrán 생각할 사이도 없이 급히 일어난 현상이나 상황을 말한다.

   看电视的时候, 忽然停电^{정전}了。(텔레비전을 볼 때 갑자기 정전이 되었습니다.)
   Kàn diànshì de shíhou, hūrán tíngdiàn le.

   晚上十二点忽然有人敲门^{노크하다}。(밤 12시에 갑자기 어떤 사람이 문을 두드렸습니다.)
   Wǎnshang shíèr diǎn hūrán yǒu rén qiāo mén.

1. 본문의 내용과 맞으면 ◯, 틀리면 ✕ 하세요.

老板用现金给金建宇发工资。 ( )
Lǎobǎn yòng xiànjīn gěi Jīn Jiànyǔ fā gōngzī.

我家附近的银行是"中国银行"。 ( )
Wǒ jiā fùjìn de yínháng shì "Zhōngguó Yínháng".

金建宇想要个不一样的杯子。 ( )
Jīn Jiànyǔ xiǎng yào ge bù yíyàng de bēizi.

2. 한자로 써 보세요.

yínháng ( )

zhànghù ( )

xiànjīn ( )

cúnzhé ( )

kāihù ( )

zhùhè ( )

3. 성격이 다른 단어를 찾아 ☑ 하세요.

◆ 银行	行业	自行车	同行	外行
yínháng	hángyè	zìhángchē	tóngháng	wàiháng
☐	☐	☐	☐	☐

TIP "行"拼音错误 "háng"pīnyīn cuòwù

◆ 款式	存款	取款	利息	本金
kuǎnshì	cúnkuǎn	qǔkuǎn	lìxī	běnjīn
☐	☐	☐	☐	☐

TIP 银行 yínháng

◆ 金　　　　銀　　　　铜　　　　针　　　　铁
　jīn　　　　yín　　　　tóng　　　　zhēn　　　　tiě
　□　　　　□　　　　□　　　　□　　　　□

　TIP **金属种类**jīnshǔzhǒnglèi

◆ 大门　　　快门　　　后门　　　前门　　　正门
　dàmén　　kuàimén　　hòumén　　qiánmén　　zhèngmén
　□　　　　□　　　　□　　　　□　　　　□

　TIP **门**mén

4. 순서에 맞게 나열하세요.

◆ 要　釜山　去　我　一趟 → (　　　　　　　　　　　)

◆ 电话铃　了　忽然　响 → (　　　　　　　　　　　)

◆ 把　我　词典　请　给 → (　　　　　　　　　　　)

5. 빈칸을 채우고, ( )안의 원하는 단어를 선택하여 문장을 완성하세요.

　　离我家最近的是_____银行, 我(去过 / 没去过)那儿。我还用过网上wǎng

shang, 인터넷)银行和手机shǒujī, 핸드폰银行。我最喜欢用_____, 因为它_____。

자주 쓰는 표현

劳驾! Láojià! (죄송하지만 ~ 해주세요.)
　　주로 부탁이나 양보를 청할 때 사용한다.

借光! Jièguāng! (비켜주십시오.)

说不好。Shuō bu hǎo. (장담할 수 없습니다.)

失陪了。Shīpéi le. (잠깐 실례하겠습니다.)
　　일반적으로 주인이 잠깐 자리를 비워야할 때 손님한테 사용하는 말이다.

CHOICE >>>

A: 你有自己的存折吗?

    Nǐ yǒu zìjǐ de cúnzhé ma?

B: 有。／没有。

    Yǒu. / Méiyǒu.

A: 买东西你常用现金^{현금}还是用信用卡^{신용카드}?

    Mǎi dōngxi nǐ cháng yòng xiànjīn háishì yòng xìnyòngkǎ?

B: 现金。／信用卡。

    Xiànjīn. / Xìnyòngkǎ.

A: 学校食堂收^{받다}什么?

    Xuéxiào shítáng shōu shénme?

B: 现金或饭票^{식권}。／饭卡^{식권카드}或信用卡。

    Xiànjīn huò fànpiào. / Fànkǎ huò xìnyòngkǎ.

DIALOGUE >>>

金建宇: 看看我的银行卡^{은행카드}, 漂亮吧, 你有吗?

Jīn Jiànyǔ: Kànkan wǒ de yínháng kǎ, piàoliang ba, nǐ yǒu ma?

王丽: 我没有卡, 我家有银行。

Wáng Lì: Wǒ méiyǒu kǎ, wǒ jiā yǒu yínháng.

金建宇: 家里?

Jīn Jiànyǔ: jiā li?

王丽: 对, 我爸爸。

Wáng Lì: Duì, wǒ bàba.

어휘 PLUS

【又·再】

'又'는 어떤 동작이나 상황이 반복·중복됨을 나타내며, '再'는 아직 실현되지 않았거나 지속성 동작행위를 나타낸다.

我昨天看了一本书, 今天又看了一本, 明天再看一本。
Wǒ zuótiān kànle yì běn shū, jīntiān yòu kànle yì běn, míngtiān zài kàn yì běn.
(나는 어제 책 한 권을 봤고, 오늘도 한 권을 봤으며, 내일도 한 권을 볼 것입니다.)

对不起, 我又迟到了, 下次不会再迟到。
Duìbuqǐ, wǒ yòu chídào le, xià cì búhuì zài chídào.
(미안합니다, 오늘 또 늦었습니다. 다음번에는 늦지 않도록 하겠습니다.)

【打】

打比方 dǎ bǐfāng 비유하여 설명하다	打出租 dǎ chūzū 택시를 잡다	打电话 dǎ diànhuà 전화를 걸다	打嗝儿 dǎgér 딸꾹질 하다
打酒 dǎ jiǔ 술을 사다	打球 dǎ qiú 공을 치다	打秋千 dǎ qiūqiān 그네를 타다	打水 dǎshuǐ 물을 뜨다
打印 dǎyìn 프린터하다	打游戏 dǎ yóuxì 게임을 하다	打针 dǎzhēn 주사를 놓다	打字 dǎzì 타자를 치다

【한국과 중국의 银行】

韩亚银行 Hányà Yínháng 하나은행	外换银行 Wàihuàn Yínháng 외환은행	新韩银行 Xīnhán Yínháng 신한은행	友利银行 Yǒulì Yínháng 우리은행
工商银行 Gōngshāng Yínháng 공상(기업)은행	交通银行 Jiāotōng Yínháng 교통은행	招商银行 Zhāoshāng Yínháng 초상(투자)은행	中国人民银行 Zhōngguó Rénmín Yínháng 중국인민은행

第十三课　节日

今天是中秋节。王丽一个人在宿舍，我去看她。带着松饼、
Jīntiān shì Zhōngqiūjié. Wáng Lì yí ge rén zài sùshè, wǒ qù kàn tā. Dàizhe Sōngbǐng、

韩式烙饼、柿饼汤、油炸食品、水果等各种中秋食品，是和6岁的
Hánshì làobǐng、Shìbǐngtāng、yóuzhá shípǐn, shuǐguǒ děng gè zhǒng zhōngqiū shípǐn, shì hé liù suì de

侄女一起去的。丰盛的节日食品，王丽吃得有滋有味，还夸赞侄
zhínǚ yìqǐ qù de. Fēngshèng de jiérì shípǐn, Wáng Lì chī de yǒu zī yǒu wèi, hái kuāzàn zhí

女穿的五彩韩服真漂亮，和中国的旗袍相比，有一种别致的亮丽。
nǚ chuān de wǔcǎi Hánfú zhēn piàoliang, hé Zhōngguó de Qípáo xiāngbǐ, yǒu yì zhǒng biézhì de liàng lì.

用数码相机拍了好几张照片，要上网发给中国的同学们，
Yòng shùmǎ xiàngjī pāile hǎo jǐ zhāng zhàopiàn, yào shàngwǎng fā gěi Zhōngguó de tóngxué men,

一起欣赏。
yìqǐ xīnshǎng.

단어

节日 jiérì [명] 명절, 기념일

带 dài [동] 가지다, 데리고 다니다

韩式 Hánshì [명] 한국식(의)

水果 shuǐguǒ [명] 과일

侄女 zhínǚ [명] 질녀, 조카딸

丰盛 fēngshèng [형] 풍부하다, 성대하다

有滋有味 yǒu zī yǒu wèi

　　　　[성어] (요리가) 매우 맛있다, 맛이 좋다

夸赞 kuāzàn [동] 과찬하다, 격찬하다

五彩 wǔcǎi [명] 다채로운 빛깔

相比 xiāngbǐ [동] 비교하다

别致 biézhì [형] 특이하다, 색다르다

亮丽 liànglì [형] 밝고 아름답다

用 yòng [동] 쓰다, 사용하다

数码 shùmǎ [명][형] 디지털형(의)

相机 xiàngjī [명] 사진기, 카메라

拍 pāi [동] 찍다, 촬영하다

好 hǎo [부] ☞ 수량사 혹은 시간을 나타내는 앞에
　　　　쓰여 많거나 오래됨을 나타냄

几 jǐ [수] 몇
　　　　☞ 양사 앞에 쓰여 정해져 있지 않은 숫자를 나타냄

照片 zhàopiàn [명] 사진

欣赏 xīnshǎng [동] 감상하다

고유명사

中秋节 Zhōngqiūjié 추석, 한가위

松饼 Sōngbǐng 송편

烙饼 Làobǐng 전

柿饼汤 Shìbǐngtāng 수정과

油炸食品 Yóuzhá shípǐn 튀김류

韩服 Hánfú 한복

旗袍 Qípáo 치파오

97

1. 和…一起 hé…yìqǐ 같은 시간 같은 곳에 있음을 나타낸다.

   书和CD一起卖。(책과 CD를 같이 팝니다.)
   Shū hé CD yìqǐ mài.

   上周末我和同学在一起。(지난 주말에 저와 친구는 함께 있었습니다.)
   Shàng zhōumò wǒ hé tóngxué zài yìqǐ.

   我现在和父母住在一起。(나는 지금 부모님과 함께 살고 있습니다.)
   Wǒ xiànzài hé fùmǔ zhù zài yìqǐ.

2. 和…相比 hé…xiāngbǐ 상호간의 비교를 나타낸다.

   百姓^{백성}家和皇宫^{황궁}不能相比。(민가와 황궁은 서로 비교할 수 없습니다.)
   Bǎixìng jiā hé huánggōng bù néng xiāngbǐ.

   和世界^{세계}一些文明^{문명}古国^{역사가 오래된 국가}相比，美国是个年轻^{젊다}的国家。
   Hé shìjiè yì xiē wénmíng gǔguó xiāngbǐ, Měiguó shì ge niánqīng de guójiā.
   (세계에서 오래된 문명국들과 비교해보면 미국은 젊은 국가입니다.)

   和城市^{도시}相比，乡下^{농촌}的空气^{공기}更^{더욱}新鲜^{신선하다}。
   Hé chéngshì xiāngbǐ, xiāngxia de kōngqì gèng xīnxian.
   (도시와 비교해보면 시골의 공기는 더욱 신선합니다.)

연습 문제

1. 본문의 내용과 맞으면 ◯, 틀리면 ✕ 하세요.

今天是农历八月十五。 ( )
Jīntiān shì nónglì bā yuè shíwǔ.

韩国人在中秋节吃松饼。 ( )
Hánguórén zài Zhōngqiūjié chī Sōngbǐng.

王丽用的数码相机是金建宇的。 ( )
Wáng Lì yòng de shùmǎ xiàngjī shì Jīn Jiànyǔ de.

2. 한자로 써 보세요.

Zhōngqiūjié ( )

fēngshèng ( )

zīwèi ( )

biézhì ( )

zhàopiàn ( )

xīnshǎng ( )

3. 성격이 다른 단어를 찾아 ☑ 하세요.

◆ 漂亮　　好看　　丑　　美丽　　帅
piàoliang　hǎokàn　chǒu　měilì　shuài
☐　　☐　　☐　　☐　　☐
TIP 外貌好 wàimào hǎo

◆ 虽　　鱼　　虾　　蟹　　贝
suī　　yú　　xiā　　xiè　　bèi
☐　　☐　　☐　　☐　　☐
TIP 水产品 shuǐchǎnpǐn

◆ 今天　　明天　　前天　　昨天　　白天
jīntiān　　míngtiān　　qiántiān　　zuótiān　　báitiān
　□　　　□　　　□　　　□　　　□

TIP 日期rìqī

◆ 水果　　如果　　苹果　　西瓜　　草莓
shuǐguǒ　　rúguǒ　　píngguǒ　　xīguā　　cǎoméi
　□　　　□　　　□　　　□　　　□

TIP 水果shuǐguǒ

4. 순서에 맞게 나열하세요.

◆ 可乐　和　卖　一起　薯条　→（　　　　　　　　　　）

◆ 石头　钻石　相比　不能　和　→（　　　　　　　　　　）

5. 빈칸을 채우고, ( )안의 원하는 단어를 선택하여 문장을 완성하세요.

下一个韩国的节日是_____, 放假fàngjià, 휴가로 쉬다 _____天, 我打算在那时候

(在家 / 出行chūxíng, 여행을 가다)。在这个节日, 韩国人习惯吃的食品是_____。

我(希望 / 不希望)有更多的假期jiàqī, 휴가기간休息。

자주 쓰는 표현

请笑纳。Qǐng xiàonà. (흔쾌히 받아 주십시오.)
　　남에게 선물을 할 때 주로 사용하며, 대답은 주로
　　"您太客气了。Nín tài kèqi le. (뭘 이런 것을 다.)"라고 말한다.

没多少。Méi duōshao. (얼마 안 됩니다.)

别客气。Bié kèqi. (사양하지 마십시오.)

哪儿的话。Nǎr de huà. (별말씀을요.)

회화 PLUS

CHOICE >>>

A: 你知道中国中秋节吃什么吗?
  Nǐ zhīdào Zhōngguó Zhōngqiūjié chī shénme ma?
B: 松饼。／月饼。
  Sōngbǐng. / Yuèbǐng.

A: 中国人中秋节也穿传统服装吗?
  Zhōngguórén Zhōngqiūjié yě chuān chuántǒng fúzhuāng ma?
B: 我想是的。／不穿吧。
  Wǒ xiǎng shì de. / Bù chuān ba.

A: 今年中秋节你在哪儿过?
  Jīnnián Zhōngqiūjié nǐ zài nǎr guò?
B: 首尔。／老家。
  Shǒuěr. / Lǎojiā.

DIALOGUE >>>

王丽:　这韩国饺子^{만두}甜甜的。
Wáng Lì:　Zhè Hánguó jiǎozi tiántián de.
金建宇: 什么呀,这叫"松饼"。
Jīn Jiànyǔ: Shénme ya, zhè jiào "Sōngbǐng".

王丽:　哦,到这儿我真成老外^{문외한 외국인}了。
Wáng Lì:　Ò, dào zhèr wǒ zhēn chéng lǎowài le.
金建宇: 正确。
Jīn Jiànyǔ: Zhèngquè.

어휘 PLUS

【有…有…】

반대어나 상대어 혹은 같거나 비슷한 말 앞에 붙어서 강조의 뜻을 나타낸다.

做事情应该有头有尾。(일의 시작이 있으면 끝이 있어야 합니다.)
Zuò shìqing yīnggāi yǒu tóu yǒu wěi.

她们两个在一起有说有笑。(그녀들은 웃으며 말하고 있습니다.)
Tāmen liǎng ge zài yìqǐ yǒu shuō yǒu xiào.

【명절과 음식】

除夕 chúxī 섣달 그믐 밤	饺子 jiǎozi 만두
新年 xīnnián 새해	年糕 niángāo 떡
元宵节 yuánxiāojié 정월대보름	元宵(汤圆) yuánxiāo(tāngyuán) 원소병
立春 lìchūn 입춘	春饼 chūnbǐng 춘병
端午节 duānwǔjié 단오	粽子 zòngzi 종자, 각서角黍
中秋节 zhōngqiūjié 추석	月饼 yuèbǐng 월병
腊八节 làbājié 납팔절	腊八粥 làbā zhōu 불佛죽
灶王节 zàowangjié 조왕제竈王祭	灶糖 zàotáng 맥아당麥芽糖, 엿당糖

第十四课 韩流

王丽最喜欢的韩国演员是李英爱。在中国的时候在韩剧≪大
Wáng Lì zuì xǐhuan de Hánguó yǎnyuán shì Lǐ Yīng'ài.　Zài Zhōngguó de shíhou zài Hánjù ≪Dà

长今≫里见过她。王丽还说≪我的野蛮女友≫主演全智贤非常漂
chángjīn≫ li jiànguo tā.　Wáng Lì hái shuō ≪Wǒ De Yěmán Nǚyǒu≫ zhúyǎn Quán Zhìxián fēicháng piào

亮。得知这么多韩国演员受中国人喜爱，让我感到有些意外。在
liang.　Dézhī zhème duō Hánguó yǎnyuán shòu Zhōngguórén xǐài, ràng wǒ gǎndào yǒu xiē yìwài. Zài

中国，有不少追星族模仿韩国明星，学唱韩国歌，热情非常高。
Zhōngguó, yǒu bùshǎo Zhuīxīngzú mófǎng Hánguó míngxīng, xué chàng Hánguó gē, rèqíng fēicháng gāo.

韩流成了中国人常聊的话题，通过它，更增加了亲密感，拉近了
Hánliú chéngle Zhōngguórén cháng liáo de huàtí, tōngguò tā, gèng zēngjiāle qīnmìgǎn,　lājìnle

彼此的距离。
bǐcǐ de jùlí.

단어

演员 yǎnyuán [명] 배우, 연기자
韩剧 Hánjù [명] 한국 드라마(극)
主演 zhúyǎn [명][동] 주연(하다)
得知 dézhī [동] 알게 되다, 알다
　　　☞ 격식표현을 나타냄
受 shòu [동] 받다, 받아들이다
喜爱 xǐài [동] 좋아하다, 호감을 가지다
让 ràng [동] ~하게 하다
感到 gǎndào [동] 느끼다, 생각하다
意外 yìwài [명][형] 의외이다, 뜻밖이다
追星族 Zhuīxīngzú [명] 팬
模仿 mófǎng [동] 모방하다, 흉내내다
明星 míngxīng [명] 스타(star)

唱 chàng [동] 노래하다, 부르다
歌 gē [명] 노래, 가곡
热情 rèqíng [명] 열정, 의욕, 열의
成 chéng [동] 이루다, 성취하다
聊 liáo [동] 한담하다, 잡담하다
话题 huàtí [명] 화제
通过 tōngguò [동] ~을(를)통하다, ~을(를)거치다,
　　　　　~에 의하다
增加 zēngjiā [동] 증가하다
亲密感 qīnmìgǎn [명] 친밀감
拉近 lājìn [동] 가까이 끌어당기다
彼此 bǐcǐ [명] 상호, 피차, 서로
距离 jùlí [명] 거리, 간격

고유명사

韩流 Hánliú 한류, 한국풍의 유행
李英爱 Lǐ Yīng'ài 이영애
≪大長今≫ Dàchángjīn 대장금

≪我的野蛮女友≫ Wǒ De Yěmán Nǔyǒu
　　　　　　　엽기적인 그녀
全智贤 Quán Zhìxián 전지현

기타

≪≫ (书名号) shūmínghào [명] 서명부호 ☞ 서명·곡 등의 명칭을 나타냄

어법 설명

1. 时候 shíhou 시간을 나타낸다.

A. V…的时候, …

   吃饭的时候不能看电视。(식사를 할 때 텔레비전을 보면 좋지 않습니다.)
   Chī fàn de shíhou bù néng kàn diànshì.

B. V+时

   开车时要注意红绿灯。(운전을 할 때 신호등에 주의해야 합니다.)
   Kāi chē shí yào zhùyì hónglǜdēng.

C. 时…时…

   河水流得时快时慢。(강물이 빠르게도 흐르고 느리게도 흐릅니다.)
   Héshuǐ liú de shí kuài shí màn.

2. 让 ràng 주로 사역의 의미를 나타낸다.

   对不起, 让你久等了。(오래 기다리게 해서 미안합니다.)
   Duìbuqǐ, ràng nǐ jiǔ děng le.

   老师让我们看中国电影。(선생님이 우리에게 중국 영화를 보라고 합니다.)
   Lǎoshī ràng wǒmen kàn Zhōngguó diànyǐng.

1. 본문의 내용과 맞으면 ◯, 틀리면 ✕ 하세요.

   ≪大长今≫的主演是全智贤。　　　　　　　　　　　（　　）
   ≪Dàchángjīn≫de zhǔyǎn shì Quán Zhìxián.

   追星族不喜欢明星。　　　　　　　　　　　　　　（　　）
   Zhuīxīngzú bù xǐhuan míngxīng.

   金建宇没想到有这么多韩国演员受中国人喜爱。　　（　　）
   Jīn Jiànyǔ méi xiǎngdào yǒu zhème duō Hánguó yǎnyuán shòu Zhōngguórén xǐài.

2. 한자로 써 보세요.

   Hánliú　　　　　（　　　　　　　　　　　　　　　　　）

   dézhī　　　　　（　　　　　　　　　　　　　　　　　）

   yìwài　　　　　（　　　　　　　　　　　　　　　　　）

   mófǎng　　　　（　　　　　　　　　　　　　　　　　）

   huàtí　　　　　（　　　　　　　　　　　　　　　　　）

   jùlí　　　　　　（　　　　　　　　　　　　　　　　　）

3. 성격이 다른 단어를 찾아 ☑ 하세요.

◆ 电影	电视	报纸	广播	影子
diànyǐng	diànshì	bàozhǐ	guǎngbō	yǐngzi
☐	☐	☐	☐	☐

   TIP 媒体 méitǐ

◆ 歌星	影星	猩猩	笑星	舞星
gēxīng	yǐngxīng	xīngxing	xiàoxīng	wǔxīng
☐	☐	☐	☐	☐

   TIP 明星 míngxīng

◆ 女友   男友   朋友   学友   没有
    nǚyǒu   nányǒu   péngyou   xuéyǒu   méiyǒu

□   □   □   □   □

TIP 人rén

◆ 大小   非常   胖瘦   高低   多少
    dàxiǎo   fēicháng   pàngshòu   gāodī   duōshǎo

□   □   □   □   □

TIP 反义词fǎnyìcí

4. 순서에 맞게 나열하세요.

◆ 女士 坐 先 让   → (   )

◆ 时 认真 学习 要 → (   )

5. 빈칸을 채우고, ( )안의 원하는 단어를 선택하여 문장을 완성하세요.

　　我一个月大概看_____部中国电影, 最近看的一部中国电影叫_____,

主演是_____, 我(喜欢／不太喜欢)这个电影。

자주 쓰는 표현

有道理。Yǒu dàolǐ. (일리가 있습니다.)

做梦! Zuò mèng! (꿈 깨!)
　　터무니없는 생각을 할 때 주로 이야기한다.

做个好梦。Zuò ge hǎo mèng. (좋은 꿈 꾸세요.)

可不是。Kěbúshì. (그러게 말입니다.)

多亏你了。Duō kuī nǐ le. (당신 덕분입니다.)

CHOICE >>>

A: 你每天看电视剧^{연속극}吗?
　　Nǐ měi tiān kàn diànshìjù ma?

B: 很少看。／差不多每天。
　　Hěn shǎo kàn. / Chàbùduō měi tiān

A: 你能说出十个女歌手^{가수}的名字吗?
　　Nǐ néng shuōchū shí ge nǚ gēshǒu de míngzi ma?

B: 能。／有点难。
　　Néng. / Yǒu diǎn nán.

A: 你觉得自己是追星族吗?
　　Nǐ juéde zìjǐ shì zhuīxīngzú ma?

B: 是。／不是。
　　Shì. / Búshì.

DIALOGUE >>>

金建宇: 眼睛怎么了? 像熊猫^{판다}一样。
Jīn Jiànyǔ: Yǎnjing zěnme le? Xiàng xióngmāo yíyàng.
王丽:　　昨晚看了三集电视剧, 累啊。
Wáng Lì:　Zuó wǎn kànle sān jí diànshìjù, lèi a.

金建宇: 今天好好休息吧。
Jīn Jiànyǔ: Jīntiān hǎohǎo xiūxi ba.
王丽:　　今天周末, 六集。
Wáng Lì:　Jīntiān zhōumò, liù jí.

어휘 PLUS

【过】

我去过上海，没去过哈尔滨。
Wǒ qùguo Shànghǎi, méi qùguo Hā'ěrbīn.
(전 상하이에는 가본 적이 있지만 하얼빈에는 가본 적이 없습니다.)

我听说过月饼，没吃过。(전 '월병'에 대해 들어 본 적은 있지만 먹은 적은 없습니다.)
Wǒ tīngshuō guo yuèbǐng, méi chīguo.

【신조어】

신조어	병음	뜻	설명
充电族	chōngdiànzú	충전족	자신을 업그레이드해 경쟁력을 높이려는 사람
打工族	dǎgōngzú	아르바이트족 프리터족	아르바이트로 생계를 꾸려가는 젊은이
丁克族	dīngkèzú	딩크족	정상적인 부부생활을 하면서 의도적으로 자녀를 갖지 않고 맞벌이를 하는 젊은 부부
哈韩族	hāhánzú	하한족	머리에서 발끝까지 한국상품으로 치장하고 한국의 대중문화를 열광적으로 쫓는 젊은이
上班族	shàngbānzú	월급쟁이 샐러리맨	봉급에 의존하여 생계를 꾸려 나가는 사람
SOHO族	SOHO zú	소호족	출퇴근 없이 자신의 작은 사무실이나 집에서 근무하는 직업인을 뜻하며, "Small Office Home Office"의 줄임말
月光族	yuèguāngzú	월광족	매월 받는 급여를 모두 써버리는 성향을 가진 신세대

第十五课　机场

今天我用这段时间打工赚的钱去中国旅行。坐11点起飞的
Jīntiān wǒ yòng zhè duàn shíjiān dǎgōng zhuàn de qián qù Zhōngguó lǚxíng. Zuò shíyī diǎn qǐfēi de

CA124航班去北京。在去各处观光之前，我想先去看看北京大学
CA yāoèrsì hángbān qù Běijīng. Zài qù gè chù guānguāng zhīqián, wǒ xiǎng xiān qù kànkan Běijīng Dàxué

的王丽，看看她从韩国回来后有什么变化。通过登机口上了飞机，
de Wáng Lì, kànkan tā cóng Hánguó huílái hòu yǒu shénme biànhuà. Tōngguò dēngjīkǒu shàngle fēijī,

心里扑通扑通跳个不停。飞机上的两个小时过得真快，"北京首都
xīnli pūtōng pūtōng tiào ge bùtíng. Fēijī shang de liǎng ge xiǎoshí guò de zhēn kuài, "Běijīng Shǒudū

国际机场到了"，听着机内广播，我看到了北京的风景。取完行李出了
Guójì Jīchǎng dào le", tīngzhe jīnèi guǎngbō, wǒ kàndàole Běijīng de fēngjǐng. Qǔ wán xíngli chūle

机场，虽然天气有点儿凉，但是想到很快就能见到王丽，又温暖起来。
jīchǎng, suīrán tiānqì yǒu diǎnr liáng, dànshì xiǎngdào hěn kuài jiù néng jiàndào Wáng Lì, yòu wēnnuǎn qǐlai.

단어

机场 jīchǎng [명] 공항

段 duàn [양] 얼마간, (한)동안
　　☞ 사물이나 시간 따위의 한 구분을 나타냄

时间 shíjiān [명] 시간

旅行 lǚxíng [명][동] 여행(하다)

坐 zuò [동] (탈 것에) 타다

点 diǎn [명] 시

起飞 qǐfēi [동] 이륙하다

航班 hángbān [명] 정기 항공기

各处 gè chù [명] 각 처, 여러 곳

观光 guānguāng [동] 관광하다, 참관하다

…之前 …zhīqián [전] ~의 앞, ~의 전
　　☞ 주로 시간에 많이 쓰임

回来 huílái [동] 돌아오다

…后 …hòu [명] ~한 뒤에, ~한 다음에

变化 biànhuà [명][동] 변화(하다)

登机口 dēngjīkǒu [명] 탑승구, 게이트

飞机 fēijī [명] 비행기

心里 xīnli [명] 마음속, 가슴속

扑通扑通 pūtōng pūtōng [의성] 쿵당쿵당

跳 tiào [동] (심장 등이) 뛰다

不停 bùtíng [동] 멈추지 않다, 서지 않다

机内广播 jīnèi guǎngbō [명] 기내방송

风景 fēngjǐng [명] 풍경, 경치

取 qǔ [동] 가지다, 찾다

完 wán [동] 다하다 ☞ 결과보어로 쓰임

行李 xíngli [명] 수화물, 여행 짐

天气 tiānqì [명] 날씨, 일기

有点儿 yǒu diǎnr [부] 조금, 약간

凉 liáng [형] 서늘하다, 신선하다

温暖 wēnnuǎn [동][형] 포근하게 하다, 따뜻하다,
　　　　　온난하다

고유명사

CA(中国国际航空) Zhōngguó Guójì Hángkōng
　　　　중국국제항공

北京首都国际机场 Běijīng Shǒudū Guójì Jīchǎng
　　　　북경수도국제공항

1. …之前 …zhīqián 주로 시간, 장소에 많이 쓰인다.

   吃饭之前要洗手。(식사 전에는 손을 씻어야 합니다.)
   Chī fàn zhīqián yào xǐ shǒu.

   电影院之前有个售票亭^{매표소}。(극장 앞에 매표소가 있습니다.)
   Diànyǐngyuàn zhīqián yǒu ge shòupiàotíng.

2. 个 gè 주로 "笑个不停", "雨下个不停", "玩儿个痛快" 등의 문장에서 "个"는 어떠한 동사나 보어의
   중간에 쓰여 사용되며 "得"와 비슷한 역할을 한다.

   大家听了那个笑话^{우스운 이야기}, 都笑个不停。
   Dàjiā tīngle nà ge xiàohua, dōu xiào ge bùtíng.
   (모두가 그 우스개 소리를 듣고 모두 웃음이 멈추지 않았다.)

   放假^{방학}了, 我们玩儿个痛快^{신나다}。(방학을 해서 우리는 신나게 놀았다.)
   Fàngjià le, wǒmen wánr ge tòngkuai.

3. …起来 …qǐlai 동작의 시작·계속·완성 등을 나타낸다.

   这个问题看起来不简单^{간단하다}。(이 문제는 보기에 간단하지 않습니다.)
   Zhège wèntí kàn qǐlai bù jiǎndān.

   这个方法^{방법}说起来容易^{쉽다}, 做起来难^{어렵다}。
   Zhège fāngfǎ shuō qǐlai róngyì, zuò qǐlai nán.
   (이 방법은 말하기는 쉽지만 실행하기는 어렵습니다.)

   为了准备考试, 大家都忙起来了。(시험 준비를 위하여 모두 바쁩니다.)
   Wèile zhǔnbèi kǎoshì, dàjiā dōu máng qǐlai le.

   天气一天一天热起来了。(날씨가 하루하루 더워집니다.)
   Tiānqì yì tiān yì tiān rè qǐlai le.

연습 문제

1. 본문의 내용과 맞으면 ◯, 틀리면 ✕ 하세요.

CA124航班11点到北京。 ( )
CAyāoèrsì hángbān shíyī diǎn dào Běijīng.

金建宇和王丽一起去北京。 ( )
Jīn Jiànyǔ hé Wáng Lì yìqǐ qù Běijīng.

北京天气不冷不热。 ( )
Běijīng tiānqì bù lěng bú rè.

2. 한자로 써 보세요.

jīchǎng ( )

lǚxíng ( )

qǐfēi ( )

fēngjǐng ( )

xíngli ( )

wēnnuǎn ( )

3. 성격이 다른 단어를 찾아 ☑ 하세요.

◆ 北京	南京	东京	西安	上海
Běijīng	Nánjīng	Dōngjīng	Xī'ān	Shànghǎi
☐	☐	☐	☐	☐

TIP 中国城市 Zhōngguóchéngshì

◆ 机场	机票	行李	护照	鸡场
jīchǎng	jīpiào	xíngli	hùzhào	jīchǎng
☐	☐	☐	☐	☐

TIP 机场 jīchǎng

◆ 小时　　　　分钟　　　　　小时候　　　　秒　　　　　刻
　xiǎoshí　　　fēnzhōng　　　xiǎoshíhou　　　miǎo　　　　kè
　□　　　　　□　　　　　　□　　　　　　□　　　　　□

TIP 时间 shíjiān

◆ 头等舱　　　　商务舱　　　　经济舱　　　　货舱　　　　机舱
　tóuděngcāng　　shāngwùcāng　　jīngjìcāng　　huòcāng　　jīcāng
　□　　　　　　□　　　　　　□　　　　　□　　　　　□

TIP 乘客 chéngkè

4. 순서에 맞게 나열하세요.

◆ 作业　写完　要　之前　开学　→ (　　　　　　　　　　　　　　)

◆ 不停　俩　她们　个　说　　　→ (　　　　　　　　　　　　　　)

◆ 苹果　好吃　看起来　非常　→ (　　　　　　　　　　　　　　)

5. 빈칸을 채우고, ( )안의 원하는 단어를 선택하여 문장을 완성하세요.

　　　我(坐过／没坐过)飞机, 是从＿＿＿＿到＿＿＿＿的, 用了＿＿＿个小时。

　　我感觉坐飞机＿＿＿＿＿＿。

자주 쓰는 표현

一路平安。Yí lù píng'ān. (가시는 길이 평안하시기를 바랍니다.)
　　먼 길 떠나는 사람을 배웅할 때 자주 사용한다.

一路顺风。Yí lù shùn fēng. (가시는 길이 순조로우시기를 바랍니다.)

保重。Bǎozhòng. (건강하십시오.)

身体健康。Shēntǐ jiànkāng. (몸 건강하십시오.)

회화 PLUS

CHOICE >>>

A: 你一个人旅行过吗?
Nǐ yí ge rén lǚxíng guo ma?

B: 没有。／旅行过。
Méiyǒu. / Lǚxíng guò.

A: 首尔有直达^{직행}北京的飞机吗?
Shǒuěr yǒu zhídá Běijīng de fēijī ma?

B: 没有。／有。
Méiyǒu. / Yǒu.

A: 打算这个假期出去旅行吗?
Dǎsuan zhège jiàqī chūqu lǚxíng ma?

B: 是的。／没打算。
Shì de. / Méi dǎsuan.

DIALOGUE >>>

金建宇: 您也去北京啊?
Jīn Jiànyǔ: Nín yě qù Běijīng a?

乘客: 对啊, 半路^{도중}不让下。
Chéngkè: Duì a, bànlù bú ràng xià.

金建宇: 以后家家都有飞机就好了。
Jīn Jiànyǔ: Yǐhòu jiājiā dōu yǒu fēijī jiù hǎo le.

乘客: 好什么? 堵^{막다}车可以停在路上, 堵飞机停哪儿啊?
Chéngkè: Hǎo shénme? Dǔ chē kěyǐ tíng zài lù shang, dǔ fēijī tíng nǎr a?

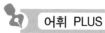

어휘 PLUS

【의성어】

铛铛铛 dāngdāngdāng 금속 등이 부딪치거나 시계추가 흔들거리는 소리	滴嗒滴嗒 dīdā dīdā 물 등이 떨어지거나 시계바늘이 움직이는 소리	嘀嘀 dīdī 자동차 등의 경적 소리
丁铃铃 dīnglínglíng 전화벨 소리	咚咚 dōngdōng 북이나 문 등을 두드리는 소리	轰轰 hōnghōng 대포 등이 울리는 소리
轰隆轰隆 hōnglōng hōnglōng 천둥 등의 소리	哗哗 huāhuā 물 등이 흐르거나 비 내리는 소리	叽里咕噜 jīligūlū 알아들을 수 없는 말 등을 홍얼거리는 소리
乒乒乓乓 pīngpīng pāngpāng 물건 등이 서로 부딪치는 소리	突突突 tūtūtū 오토바이 등의 엔진소리	喔喔喔 wōwōwō 수탉 울음소리

【공항에서 자주 사용하는 단어】

安检 ānjiǎn 보안검색	出境 chūjìng 출국	登机 dēngjī 탑승	护照 hùzhào 여권
检疫 jiǎnyì 검역	机票 jīpiào 항공권	绿卡 lǜkǎ 그린카드(영주권)	免税店 Miǎnshuìdiàn 면세점
签证 qiānzhèng 비자	取消 qǔxiāo 취소	入境 rùjìng 입국	延误 yánwù 지연

第一课

一. 병음과 성조가 바르면 ○, 틀리면 X 하세요.

第 dì   课 ké   新 xīn   来 lai   久 jiǔ
( )   ( )   ( )   ( )   ( )

二. 주어진 병음을 참고하여 ( )안에 한자를 적으세요.

( )国   学( )   今( )   北( )   ( )换
hánguó   xuésheng   jīnnián   běijīng   jiāohuàn

三. 【보기】에서 정확한 단어의 뜻을 선택하세요.

【보기】A.그것들 B.0 C.하루 D.나 E.의

我( )   它们( )   零( )   一天( )   的( )

四. 【보기】에서 적당한 단어를 선택하세요.

【보기】有 是 觉得

1. 这( )汉语书吗?

2. 你( )铅笔吗?

3. 我( )学校远。

五. 잘못된 부분을 바르게 고치세요.

1. 一年及的学生。   (   )

2. 我有一个新明友。   (   )

3. 我们人识不久。   (   )

4. 不错的女亥子。   (   )

▌第二课 ▌

一. 병음과 성조가 바르면 ○, 틀리면 X 하세요.

门 mén   和 hé   要 yǎo   多 dāo   学 xié
(   )   (   )   (   )   (   )   (   )

二. 주어진 병음을 참고하여 ( )안에 한자를 적으세요.

( )时   活( )   回( )   准( )   ( )以
kèshí   huódòng   huíjiā   zhǔnbèi   suǒyǐ

三. 【보기】에서 정확한 단어의 뜻을 선택하세요.

【보기】 A.개 B.장 C.토요일 D.줄기 E.일요일

星期六( )   礼拜天( )   个( )   张( )   条( )

四. 【보기】에서 적당한 단어를 선택하세요.

【보기】 对 还 了

1. 我买(   )三本书。

2. 今天吃了面包, (   )喝了牛奶。

3. 大家(   )他很关心。

五. 잘못된 부분을 바르게 고치세요.

1. 这个学其我选了8门课。   (   )

2. 每天回家做两个时间作业。 (   )

3. 课程很好意思。   (   )

4. 我们一起学把。   (   )

一. 병음과 성조가 바르면 ◯, 틀리면 X 하세요.

都 duō　　　　远 yuǎn　　　　住 zhǔ　　　　等 děng　　　　想 xǎng
（　）　　　　（　）　　　　（　）　　　　（　）　　　　（　）

二. 주어진 병음을 참고하여 （ ）안에 한자를 적으세요.

（　）叶　　宿（　）　　市（　）　　建（　）　　（　）市
　hóngyè　　　sùshè　　　shìchǎng　　　jiànzhù　　　chéngshì

三. 【보기】에서 정확한 단어의 뜻을 선택하세요.

【보기】 A.어디　B.내년　C.지난 주　D.오후　E.작년

去年（　）　　明年（　）　　上星期（　）　　下午（　）　　哪儿（　）

四. 【보기】에서 적당한 단어를 선택하세요.

【보기】从　什么的　在　到　运动运动

1. 我们（　　　）星期一（　　　）星期五都有课。

2. 晚上我看书、看电视、写作业（　　　）。

3. 我们（　　　）电影院看电影。

4. 星期天看看书、（　　　）。

五. 잘못된 부분을 바르게 고치세요.

1. 我去学校学习每天。　　　　（　　　　　　　　　　　）

2. 我的学校很票亮。　　　　　（　　　　　　　　　　　）

3. 我校园里春天的花朵喜欢。　（　　　　　　　　　　　）

4. 我也去中国的大学校园想看一看。（　　　　　　　　　）

▌第四课 ▌

一. 병음과 성조가 바르면 ◯, 틀리면 ✕ 하세요.

请 qǐng   号 hǎo   上 sàng   福 pú   挂 guà
( )   ( )   ( )   ( )   ( )

二. 주어진 병음을 참고하여 ( )안에 한자를 적으세요.

( )是   干( )   词( )   熊( )   ( )容
dànshì   gānjìng   cídiǎn   xióngmāo   xiàoróng

三.【보기】에서 정확한 단어의 뜻을 선택하세요.

【보기】 A.미키마우스 B.버스 C.신데렐라 D.슈퍼마켓 E.책가방

巴士( )   书包( )   超市( )   米老鼠( )   灰姑娘( )

四.【보기】에서 적당한 단어를 선택하세요.

【보기】 像 但是 着

1. 同学们看( )黑板。

2. 虽然白天热, ( )晚上很冷。

3. 画里的马( )真的一样。

五. 잘못된 부분을 바르게 고치세요.

1. 很有中国未儿。   (   )

2. 书桌摆着书、词典。   (   )

3. 窗外有一排大木。   (   )

4. 王丽拿出中国的小点心我们吃。(   )

┃第五课┃

一. 병음과 성조가 바르면 ○, 틀리면 X 하세요.

层 chéng   借 jèi   报 bào   打 dǎ   坐 zuò
（   ）   （   ）   （   ）   （   ）   （   ）

二. 주어진 병음을 참고하여 ( )안에 한자를 적으세요.

（   ）者   杂（   ）   考（   ）   赶（   ）   （   ）睛
huòzhě   zázhì   kǎoshì   gǎnjǐn   yǎnjing

三. 【보기】에서 정확한 단어의 뜻을 선택하세요.

【보기】A.스스로 B.젓가락 C.흰색 D.보라색 E.초록색

筷子（   ）   自己（   ）   绿色（   ）   紫色（   ）   白色（   ）

四.【보기】에서 적당한 단어를 선택하세요.

【보기】那边 可以 也

1. 他喝可乐, 我（   ）是。

2. 一个星期（   ）看完这本书。

3. 我去朋友（   ）看电视。

五. 잘못된 부분을 바르게 고치세요.

1. 学校的图书馆儿。   （   ）

2. 二楼到六楼有各样各色的书。 （   ）

3. 可以看书或着自习。   （   ）

4. 我买来一杯加非递给她。   （   ）

▌第六课▐

一. 병음과 성조가 바르면 ○, 틀리면 X 하세요.

菜 cài   错 kuò   慢 mǎn   辣 là   更 gèn

( )   ( )   ( )   ( )   ( )

二. 주어진 병음을 참고하여 ( )안에 한자를 적으세요.

( )类   一( )   排( )   泡( )   习( )
zhǒnglèi   yìbān   páiduì   pàocài   xíguàn

三.【보기】에서 정확한 단어의 뜻을 선택하세요.

【보기】A.배고프다 B.갈증나다 C.~시간hour D.시간time E.주말

小时( )   渴( )   饿( )   时间( )   周末( )

四.【보기】에서 적당한 단어를 선택하세요.

【보기】就 又

1. 明浩汉字写得( )快( )好。

2. 你等一下, 我( )来。

3. 努力学习, ( )能学好。

五. 잘못된 부분을 바르게 고치세요.

1. 我一半午饭在学校吃。 ( )

2. 今天我们吃方便拉面吧。 ( )

3. 味到好极了。 ( )

4. 习惯了韩国菜也就便喜欢韩国了。( )

第七课

一. 병음과 성조가 바르면 ◯, 틀리면 X 하세요.

球 qió　　　各 gè　　　双 sāng　　　比 bǐ　　　间 jān
( )　　　　( )　　　　( )　　　　( )　　　　( )

二. 주어진 병음을 참고하여 ( )안에 한자를 적으세요.

( )赛　　　进( )　　　最( )　　　有( )　　　获( )
bǐsài　　　jìnxíng　　　zuìjìn　　　yǒukòng　　　huòshèng

三. 【보기】에서 정확한 단어의 뜻을 선택하세요.

【보기】A.당구　B.의　C.~하게　D.~하는 것　E.볼링

的( )　　　地( )　　　得( )　　　台球( )　　　保龄球( )

四.【보기】에서 적당한 단어를 선택하세요.

【보기】果然　不仅　一　就

1. ( )说( )明白了。

2. 听说电影很好看, ( )不错。

3. 面包店( )卖面包, 还卖牛奶。

五. 잘못된 부분을 바르게 고치세요.

1. 乒乓求对抗赛。　　　(　　　　　　　　　　　　　)

2. 允分发挥了水平。　　(　　　　　　　　　　　　　)

3. 乒乓球打的很好。　　(　　　　　　　　　　　　　)

4. 必不可少的一页活动。(　　　　　　　　　　　　　)

第八课

一. 병음과 성조가 바르면 ◯, 틀리면 ✕ 하세요.

听 tīng   原 yán   疼 dōng   果 guǎ   药 yào
( )   ( )   ( )   ( )   ( )

二. 주어진 병음을 참고하여 ( )안에 한자를 적으세요.

( )院   下( )   厉( )   ( )受   嘱( )
yīyuàn   xiàkè   lìhai   nánshòu   zhǔfu

三.【보기】에서 정확한 단어의 뜻을 선택하세요.

【보기】A.신종인플루엔자 B.외과 C.스낵 D.소아과 E.호랑이

外科( )   儿科( )   老虎( )   甲型流感( ) 小吃( )

四.【보기】에서 적당한 단어를 선택하세요.

【보기】好在 正在 呢

1. 外面( )下雨( )。

2. 今天起床晚了, ( )没迟到。

五. 잘못된 부분을 바르게 고치세요.

1. 一真没有见到她。 (   )

2. 肚子疼得利害。 (   )

3. 我很心疼也。 (   )

4. 医生属付先吃点药。 (   )

▎第九课 ▎

一. 병음과 성조가 바르면 ○, 틀리면 ✗ 하세요.

活 hóu	牙 yá	然 ráng	区 gǔ	顿 dūn
( )	( )	( )	( )	( )

二. 주어진 병음을 참고하여 ( )안에 한자를 적으세요.

用( )　　　香( )　　　( )色　　　( )车　　　年( )
yòngpǐn　　xiāngbō　　　yánsè　　　xiàochē　　nián'gāo

三. 【보기】에서 정확한 단어의 뜻을 선택하세요.

> 【보기】A.차례　B.까르푸　C.끼　D.월마트　E.번

家乐福( )　　遍( )　　　沃尔玛( )　　顿( )　　　阵( )

四. 【보기】에서 적당한 단어를 선택하세요.

> 【보기】所以　　然后　　因为　　上

1. (　　　)喝了咖啡, (　　　)睡不着。

2. 先去北京, (　　　)去上海。

3. 在电视(　　　)看到一个新闻。

五. 잘못된 부분을 바르게 고치세요.

1. 到食品区逛逛了。　(　　　　　　　　　　　　　　　　)

2. 看起来多很好吃。　(　　　　　　　　　　　　　　　　)

3. 不知道买那个好了。(　　　　　　　　　　　　　　　　)

4. 美美得吃了一顿。　(　　　　　　　　　　　　　　　　)

第十课

一. 병음과 성조가 바르면 ◯, 틀리면 X 하세요.

线 xiàn   鞋 xié   花 huò   元 yuǎn   些 xuē
 ( )   ( )   ( )   ( )   ( )

二. 주어진 병음을 참고하여 ( )안에 한자를 적으세요.

地( )   东( )   比( )   ( )着   大( )
dìtiě   dōngxi   bǐjiào   yīzhuó   dàjiē

三. 【보기】에서 정확한 단어의 뜻을 선택하세요.

【보기】 A.택시 B.만화 C.배 D.자전거 E.오토바이

漫画( )   摩托车( )   出租车( )   自行车( )   船( )

四. 【보기】에서 적당한 단어를 선택하세요.

【보기】 好　些

1. 大家都准备( )了。

2. 我出去买一( )饮料。

五. 잘못된 부분을 바르게 고치세요.

1. 一起去买西东。   (   )

2. 买了一张浅橙色的T-恤衫。   (   )

3. 我买了 一条牛仔库。   (   )

4. 明洞和北京王府井大街有此相似。(   )

第十一课

一. 병음과 성조가 바르면 ○, 틀리면 X 하세요.

份 fēn　　　网 wǎng　　　找 zǎo　　　少 xiǎo　　　想 siǎng
（　）　　　（　）　　　（　）　　　（　）　　　（　）

二. 주어진 병음을 참고하여 ( )안에 한자를 적으세요.

（　）工　　（　）假　　工（　）　　（　）累　　（　）确
dǎgōng　　　shǔjià　　　gōngzī　　　jīlěi　　　díquè

三. 【보기】에서 정확한 단어의 뜻을 선택하세요.

【보기】 A.변호사　B.과학자　C.농민　D.동의하다　E.요리사

同意（　）　　科学家（　）　　厨师（　）　　律师（　）　　农民（　）

四. 【보기】에서 적당한 단어를 선택하세요.

【보기】不管　的

1. 我不是昨天去（　　　）学校。

2. 我（　　　）中餐还是西餐都喜欢吃。

五. 잘못된 부분을 바르게 고치세요.

1. 暑假里我打了一分。　　　（　　　　　　　　　　　　　）

2. 工资也不高算。　　　　　（　　　　　　　　　　　　　）

3. 王丽有时候假的来买东西。（　　　　　　　　　　　　　）

4. 在店故意左挑右拣。　　　（　　　　　　　　　　　　　）

第十二课

一. 병음과 성조가 바르면 ○, 틀리면 X 하세요.

板 pǎn	跑 pǎo	办 bān	把 bǎ	忽 hū
( )	( )	( )	( )	( )

二. 주어진 병음을 참고하여 ( )안에 한자를 적으세요.

( )诉　　( )户　　存( )　　( )近　　( )贺
gàosu　　zhànghù　　cúnzhé　　fùjìn　　zhùhè

三.【보기】에서 정확한 단어의 뜻을 선택하세요.

【보기】A.타자를 치다　B.전화를 걸다　C.게임을 하다　D.물을 뜨다　E.지각하다

迟到(　)　　打电话(　)　　打水(　)　　打游戏(　)　　打字(　)

四.【보기】에서 적당한 단어를 선택하세요.

【보기】把　忽然　趟

1. 他到北京去了一(　　　　)。

2. 我(　　　　)钥匙弄丢了。

3. 晚上十二点(　　　　)有人敲门。

五. 잘못된 부분을 바르게 고치세요.

1. 作天公司老板来了电话。　　(　　　　　　　　　　　　　)

2. 我家附近有一所"国民银行"。　(　　　　　　　　　　　　)

3. 我想起王丽忽然。　　　　　(　　　　　　　　　　　　　)

4. 可以在给我一个一样的杯子吗?　(　　　　　　　　　　　)

▌第十三课 ▌

一. 병음과 성조가 바르면 ○, 틀리면 X 하세요.

节 jié   丰 pēng   数 shù   别 bié   片 piàn
( )   ( )   ( )   ( )   ( )

二. 주어진 병음을 참고하여 ( )안에 한자를 적으세요.

韩( )   水( )   亮( )   ( )机   欣( )
hánshì   shuǐguǒ   liànglì   xiàngjī   xīnshǎng

三. 【보기】에서 정확한 단어의 뜻을 선택하세요.

> 【보기】A.일   B.월병   C.만두   D.단오   E.마땅히 ~해야 한다

应该( )   事情( )   饺子( )   端午节( )   月饼( )

四. 【보기】에서 적당한 단어를 선택하세요.

> 【보기】相比   一起

1. 书和CD( )卖。

2. 百姓家皇宫不能( )。

五. 잘못된 부분을 바르게 고치세요.

1. 令天是中秋节。   (   )

2. 丰成的节日食品。   (   )

3. 用数码相机拍了几张好照片。 (   )

4. 发给中国的同学们要上网。   (   )

第十四课

一. 병음과 성조가 바르면 ◯, 틀리면 Ｘ 하세요.

受 shuò	歌 gē	星 sīng	热 lè	拉 lā
( )	( )	( )	( )	( )

二. 주어진 병음을 참고하여 ( )안에 한자를 적으세요.

主( )　　喜( )　　模( )　　( )题　　通( )
zhǔyǎn　　xǐài　　mófǎng　　huàtí　　tōngguò

三.【보기】에서 정확한 단어의 뜻을 선택하세요.

　　　　【보기】A.상해 B.하얼빈 C.충전족 D.샐러리맨 E.아르바이트족

充电族( )　上海( )　上班族( )　打工族( )　哈尔滨( )

四.【보기】에서 적당한 단어를 선택하세요.

　　　　　　　　　　【보기】让 时 时候

1. 开车(　　　)要注意红绿灯。

2. 吃饭的(　　　)不能看电视。

3. 对不起,(　　　)你久等了。

五. 잘못된 부분을 바르게 고치세요.

1. 在韩据≪大长今≫里见过她。 (　　　　　　　)

2. 全智贤经常票亮。 　　　(　　　　　　　)

3. 让我咸到有些意外。 　　(　　　　　　　)

4. 韩流成了中国人常柳的话题。 (　　　　　　　)

第十五课

一. 병음과 성조가 바르면 ○, 틀리면 X 하세요.

点 diǎn   旅 lǚ   之 zī   跳 tiaò   停 tíng

( )   ( )   ( )   ( )   ( )

二. 주어진 병음을 참고하여 ( )안에 한자를 적으세요.

机( )   起( )   航( )   ( )化   行( )

jīchǎng   qǐfēi   hángbān   biànhuà   xíngli

三. 【보기】에서 정확한 단어의 뜻을 선택하세요.

【보기】A.비자   B.여권   C.지연   D.항공권   E.탑승

机票( )   护照( )   签证( )   延误( )   登机( )

四.【보기】에서 적당한 단어를 선택하세요.

【보기】个   起来   之前

1. 吃饭( )要洗手。

2. 大家听了那个笑话, 都笑( )不停。

3. 天气一天一天热( )了。

五. 잘못된 부분을 바르게 고치세요.

1. 今天我去中国施行。   (   )

2. 我想去看看北京大学先。   (   )

3. 飞机上的两个时间过得真快。 (   )

4. 北京首都国际机场倒了。   (   )

본문 해석 및 모범 답안
TEST 정답

1과 새 친구

저는 한국 서울대학교 경영학과 1학년 학생입니다. 이름은 김건우이고 올해 열아홉 살입니다. 저에게는 새로운 친구가 있습니다. 그녀는 중국인이고 왕려라고 합니다. 그녀는 북경대학교에서 온 교환학생입니다. 우리는 만난 지 얼마 되지 않았지만 난 그녀가 참 괜찮다고 느껴집니다.

◎ 연습 문제

1. ○　○　X

2. 朋友　学生　名字　中国　认识　不错

3. ◆你们　◆零零七　◆日本　◆马大哈

4. ◆我不是日本人。
　　◆你有没有好朋友?
　　◆我觉得巧克力很好吃。

5. 문장완성(참조)
　　我的同桌叫王丽, 今年20岁, (是 ／ 不是)韩国人。我今天认识了(她 ／ 他)。我对(她 ／ 他)说: ("你好吗?" ／ "你好!")

2과 새 학기

새로운 학기가 시작되었습니다. 이번 학기에 난 8과목을 선택했습니다. 매주 19시간 수업을 하고 화요일과 목요일에는 동아리활동도 있습니다. 매일 집으로 돌아와서 2시간 동안 과제를 하고 종종 발표 준비도 합니다. 비록 수업은 많지만 재미가 있습니다. 가끔 난 왕려에게 "과목이 너무 많아 힘들어 죽겠어"라고 하면 그녀는 "그럼 우리 같이 공부할까?"라고 말한답니다. 그렇게 이야기하는 왕려가 참 사랑스럽습니다.

◎ 연습 문제

1. X　○　X

2. 开始　星期　回家　小时　一起　可爱

3. ◆天气　◆斤　◆高兴　◆三万

4. ◆我看了三本书。／我看三本书了。
　　◆妹妹还想吃冰淇淋。
　　◆妈妈对我们很好。

5. 문장완성(참조)
　　我们是英语系A班, 有十三个女同学, 十七个男同学。我一个星期 五天上课, 每天回家(看电视 ／ 写作业)。星期天休息 xiūxi, 휴식하다。

3과 나의 학교

월요일부터 금요일까지 난 매일 학교로 공부하러 갑니다. 나의 학교는 아주 아름답습니다. 강의동, 행정관, 도서관, 체육관, 식당 등이 그다지 멀리 떨어져 있지 않습니다. 모두 우리가 공부하고 운동하고 쉴 수 있는 좋은 곳입니다. 난 이곳의 봄 꽃, 여름의 보슬비, 가을의 단풍, 겨울의 흰 눈을 좋아합니다. 왕려가 말하기를 중국의 대학생들은 학교 안에서 생활하기 때문에 캠퍼스 안에 기숙사, 시장, 이발소, 영화관 등 많은 부대 시설이 있어 마치 작은 도시 같다고 하였습니다. 저도 중국의 대학 캠퍼스에 꼭 가보고 싶습니다.

◎ 연습 문제

1. ○   X   ○

2. 每天   漂亮   食堂   学习   休息   校园

3. ◆大家   ◆出色   ◆云   ◆一星期

4. ◆从一月到十二月是一年。
　　◆包里有钱包、手机什么的。／包里有手机、钱包什么的。
　　◆我在家写作业。
　　◆请说一说你的学校。

5. 문장완성(참조)
　　我在(学校 ／ 家)学汉语, 教室在<u>教学</u>楼, 学校(很 ／ 不太)大, 我喜欢<u>踢足球</u>, 所以我最喜欢去的地方是<u>运动场</u>。

4과 기숙사

오늘 왕려는 나와 친구 몇 명을 그녀의 기숙사로 초대했습니다. 그녀는 학생 기숙사 건물 703호에 살고 있습니다. 문에 거꾸로 붙어있는 '복'자는 '중국풍'을 느끼게 합니다. 비록 방은 그리 넓지는 않지만 깨끗했습니다. 책상에는 책, 사전, 컴퓨터가 있고, 침대 머리맡에는 귀여운 팬더곰 인형이 놓여 있습니다. 창밖으로는 아름드리 나무가 늘어서있고, 그리 멀지 않은 곳에는 아담한 호수가 보입니다. 왕려는 중국 과자를 꺼내서 우리에게 주었습니다. 그녀의 사랑스러운 미소처럼 과자는 달콤했습니다.

◎ 연습 문제

1. ○   ○   X

2. 宿舍   房间   干净   词典   熊猫   笑容

3. ◆电池   ◆鸡蛋   ◆卫生所   ◆海南

4. ◆同学们做着练习。
　　◆虽然听见了, 但是不明白。
　　◆像兔子一样跑得快。= 跑得像兔子一样快。

5. 문장완성(참조)
　　我住在(家里 ／ 宿舍), 在<u>首尔</u>市<u>东大门</u>Dōngdàmén, 동대문区, 离学校<u>不太</u>远。坐(地铁 ／ 公共汽车)来学校, 路上的时间大概是<u>半个</u>bàngè, 절반小时, 我喜欢在路上(看书 ／ 听MP3 ／ 睡觉)。

5과 도서관

학교 도서관은 6층의 하얀 건물이고, 내가 가장 좋아하는 곳입니다. 도서관 1층에는 책을 빌리고 반납할 수도 있으며, 신문이나 잡지를 볼 수도 있습니다. 2층에서 6층까지는 많은 분야의 도서를 열람할 수 있고 그곳에서 공부도 할 수 있습니다. 이번 주는 시험기간이라 특별히 학생들이 많은 것 같습니다. 저쪽에 왕려가 앉아 있습니다. 공부를 많이 해서 피곤한지 하품을 하고 있네요. 난 얼른 자판기로 가서 커피를 뽑아 그녀에게 내밀었습니다. 왕려는 촉촉한 눈을 반짝이며 웃어 주었습니다.

◎ 연습 문제

1. ○   X   X

2. 白色   地方   还书   自习   哈欠   咖啡

3. ◆新闻   ◆裤子   ◆试验   ◆胶水

4. ◆我也不太忙。
   ◆上课不可以打电话。
   ◆山那边有一朵云。

5. 문장완성(참조)
   我们学校图书馆有八层, 星期一到星期六开放。里面的中文书(很多 ／ 不太多), (有 ／ 没有)中文杂志。我(常常 ／ 不经常)去, 最喜欢看小说xiǎoshuō, 소설。

6과 식당

나는 보통 지하 1층의 학교 식당에서 점심을 먹습니다. 비록 음식 종류는 많지 않지만 가격이 싸고 양이 많아 그런대로 괜찮습니다. 단지 불편한 점은 줄을 서서 오래 기다려야 한다는 것입니다. 왕려는 길게 늘어선 줄을 보고 "우리 오늘은 컵라면 사먹자"고 말했습니다. 우리는 컵라면과 김치를 사가지고 한적한 벤치에 앉았습니다. 매운 라면과 김치 때문에 왕려는 얼굴이 벌게졌습니다. 왕려는 한국의 라면과 김치는 매워도 참 맛있다고 했습니다. 그리고 이렇게 매운 음식이 좋아지는 것을 보니 점점 한국이 좋아질 것 같다고 말했습니다.

◎ 연습 문제

1. X   X   ○

2. 午饭   食堂   排队   泡菜   方便面   习惯

3. ◆越南   ◆咖啡   ◆酒   ◆排队

4. ◆十五的月亮又圆(亮)又亮(圆)。
   ◆我马上就来。

5. 문장완성(참조)
   我们学校有三个学生食堂, 今天我(在 ／ 不在)学校食堂吃饭。饭菜味道(很好 ／ 一般), 在家我自己(做 ／ 不做)饭。我们家姐姐做饭最好, 我最喜欢的菜是烤肉。

7과 탁구대회

오늘은 과 대항 탁구대회가 있는 날입니다. 왕려와 나는 혼합복식조로 경영학과 대표로 출전하게 되었습니다. 우리는 그동안 틈틈이 연습했던 기량을 마음껏 발휘했습니다. 2대1로 이긴 우리에게 과 친구들은 아낌없는 축하의 박수를 보내 주었습니다. 왕려를 보니 탁구는 역시 중국이 강하구나 라는 생각이 들었습니다. 운동은 건강한 몸을 만들어 줄뿐 아니라 친구들과도 좋은 관계를 갖게 해주는 꼭 필요한 활동인 것 같습니다.

◎ 연습 문제

1. ○　　X　　○

2. 乒乓球　日子　作为　水平　果然　交往

3. ◆地球　◆法官　◆将军　◆长白山

4. ◆一不运动就发胖。
　　◆韩国的泡菜果然好吃。
　　◆我不仅会画画(会书法)还会书法(会画画)。

5. 문장완성(참조)
　　听说，中国有句俗话"饭后百步走，活到九十九，是说经常运动对身体健康很有好处。我(喜欢 ／ 不喜欢)运动，最喜欢骑qí, 타다自行车zìxíngchē, 자전거。

8과 병원

화요일 '소비자행동' 수업은 왕려와 함께 듣는 과목입니다. 그러나 오늘은 그녀의 모습을 수업시간 내내 볼 수 없었습니다. 수업이 끝난 후 연락을 해보니 복통이 너무 심해 병원 응급실에 있다고 하였습니다. 괴로워하는 그녀의 모습을 보니 내 마음이 무척 아팠습니다. 다행히 검사결과에서 특별한 이상은 발견되지 않았지만 의사는 당분간 약을 먹고 음식조절을 하라고 말했습니다.

◎ 연습 문제

1. ○　　X　　X

2. 听课　联系　原来　厉害　注意　饮食

3. ◆胖　◆老师　◆头发　◆请客

4. ◆妈妈正在做饭呢。
　　◆衣服脏了，好在还有一件。

5. 문장완성(참조)
　　我的身体(很 ／ 不太)好，(很少 ／ 经常)上医院看病，也(很少 ／ 经常)感冒发烧。我(喜欢 ／ 不喜欢)医院的环境。

9과 대형 마켓

왕려와 나는 생필품을 사러 이마트에 갔습니다. 주말이라서인지 사람들이 많았습니다. 먼저 우리는 치약, 칫솔, 샴푸, 린스 등을 사고 식품코너로 이동해서 구경을 했습니다. 왕려는 특히 한국의 떡을 참 좋아했습니다. 다양한 색깔과 모양의 떡을 보면 모두 맛보고 싶어서 어쩔 줄 몰라 했습니다. 우리는 가장 맛있어 보이는 '무지개떡'과 '인절미'를 사가지고 나와 기숙사로 돌아오는 버스 안에서 맛있게 먹었습니다.

◎ 연습 문제

1. ○　○　✕

2. 超市　用品　牙刷　五颜六色　彩虹　校车

3. ◆电影　◆卡车　◆好人　◆人品

4. ◆ 因为起床晚所以迟到了。
   ◆ 先下雨然后出彩虹。
   ◆ 网上有中国电影。

5. 문장완성(참조)
   我家附近的超市叫<u>乐天</u>^{lètiān, 롯데}<u>超市</u>, 那里的营业时间是<u>早上九点</u>到<u>晚上十点</u>。星期<u>六</u>人最多, 我(经常 ／ 不常)去那儿买东西。我觉得那里价格(实惠 ／ 比较贵), 质量(好 ／ 一般), 服务(很好 ／ 不太好)。

10과 쇼핑

왕려와 나는 쇼핑을 하기 위해 지하철 4호선 명동역 2번 출구에서 만나기로 했습니다. 우리는 점심으로 돈가스를 먹고, 옷, 신발, 화장품, 커피숍, 음식점 등 이곳저곳을 둘러 보았습니다. 왕려는 3만 원짜리 얇은 오렌지빛 T셔츠를 하나 샀고, 나는 청바지를 샀습니다. 왕려는 한국의 젊은이들이 사교성이 좋고 세련되며 멋스러운 것 같다고 말했습니다. 그리고 명동은 북경의 왕부정거리와 느낌이 조금 비슷하다고 하였습니다.

◎ 연습 문제

1. ✕　○　○

2. 地铁　见面　四处　服装　比较　相似

3. ◆开车　◆脑袋　◆考试　◆扑克

4. ◆这些书是你的。
   ◆说好见面的时间。

5. 문장완성(참조)
   有的人喜欢买衣服, 我(也 ／ 不)是, 看到新款的服装, 我(很想买 ／ 没感觉)。我的衣服大多是(自己 ／ 父母给)买的, 我的旧衣服一般(继续穿 ／ 处理掉)。我觉得穿衣服最重要的是<u>式样</u>。

11과 아르바이트

여름방학에 난 '세븐일레븐' 편의점에서 1개월간 아르바이트를 했습니다. 난 이 일을 인터넷을 통해 찾았습니다. 그리 힘든 일은 아니지만 해야 할 일이 많아 어떤 때는 식사를 거를 때도 있습니다. 월급은 그다지 많지 않지만 아르바이트는 돈을 벌 수 있을 뿐 아니라 새로운 경험을 쌓을 수 있는 좋은 기회라고 생각합니다. 가끔 왕려가 손님인척 들어와서 일부러 물건을 오랫동안 고르기도 합니다. 역시 왕려는 나의 지루함을 달래주는 멋진 친구입니다.

◎ 연습 문제

1. ○　Ｘ　Ｘ

2. 打工　暑假　上网　经验　假装　解闷

3. ◆真假　◆奖杯　◆门票　◆航班

4. ◆　是昨天下的雨。
　　◆　他不管什么书都喜欢看。= 不管什么书他都喜欢看。

5. 문장완성(참조)
　　假如我是老板, 我希望我的员工性格(开朗 ∕ 内向), 工作态度(认真 ∕ 马虎), 工作能力(出色 ∕ 一般), 一个星期可以工作六天, 每天八个小时, (可以 ∕ 不可以)出差。

12과 은행

어제 회사 사장님한테서 전화가 왔습니다. 한 달 동안 일한 급여를 현금으로 직접 줄 수 없어 통장으로 입금하겠다고 합니다. 귀찮지만 은행에 가서 통장을 만들어야 될 것 같습니다. 집 근처에 '국민은행'이 있어 난 거기로 가서, '보통예금' 통장을 만들었습니다. 은행 직원은 첫 계좌개설을 축하한다면 예쁜 머그컵 하나를 사은품으로 주었습니다. 컵을 들고 은행문을 나설 때 문득 왕려가 생각났습니다. 그래서 은행 여직원에게 살짝 다가가서 "하나만 더 주시면 안 되나요?"라고 말했습니다.

◎ 연습 문제

1. Ｘ　Ｘ　Ｘ

2. 银行　帐户　现金　存折　开户　祝贺

3. ◆自行车　◆款式　◆针　◆快门

4. ◆　我要去一趟釜山。= 我要去釜山一趟。
　　◆　忽然电话铃响了。= 电话铃忽然响了。
　　◆　请把词典给我。

5. 문장완성(참조)
　　离我家最近的是交通jiāotōng, 교통银行, 我(去过 ∕ 没去过)那儿。我用过网上银行和手机银行。我最喜欢用手机银行, 因为它方便。

13과 명절

오늘은 추석입니다. 나는 기숙사에 혼자 있을 왕려를 찾아가기로 했습니다. 송편, 전, 수정과, 튀김, 과일 등의 추석 음식을 챙겨 6살 조카와 함께 갔습니다. 왕려는 푸짐하게 차려진 음식을 맛있게 먹었고 색동 한복을 곱게 차려 입은 조카를 아주 예뻐했습니다. 색동한복은 중국의 치파오에 비해 특색있고 화려한 것 같다고 말했습니다. 왕려는 인터넷으로 중국 친구들과 함께 감상하려고 디지털 카메라로 여러 장의 사진을 찍었습니다.

◎ 연습 문제

1. ○　○　X

2. 中秋节　丰盛　滋味　别致　照片　欣赏

3. ◆丑　◆虽　◆白天　◆如果

4. ◆可乐(薯条)和薯条(可乐)一起卖。
　◆石头和钻石不能相比。

5. 문장완성(참조)
　下一个韩国的节日是圣诞节^{shèngdànjié, 크리스마스}, 放假一天, 我打算在那时候(在家 ／ 出行)。在这个节日, 韩国人习惯吃的食品是蛋糕^{dàngāo, 케이크}。我(希望 ／ 不希望)有更多的假期休息。

14과 한류

왕려는 한국의 연예인 중에 '이영애'를 가장 좋아합니다. 중국에 있을 때 텔레비전 프로그램인 〈대장금〉을 봤다고 합니다. 그 외에도 〈엽기적인 그녀〉의 전지현을 아주 멋있다고 했습니다. 많은 중국인들이 한국의 연예인들을 알고 좋아하는 모습을 보니 참 의외라는 느낌이 들었습니다. 더군다나 일부 팬들은 한국 가요의 가사를 외워서 부르기도 한다니 그 열정이 대단한 것 같습니다. 한류열풍은 중국인과의 대화 속에서 공통된 화제로 서로의 친밀감을 높일 수도 있고 관계를 많이 좁혀주는 역할을 하는 것 같습니다.

◎ 연습 문제

1. X　X　○

2. 韩流　得知　意外　模仿　话题　距离

3. ◆影子　◆猩猩　◆没有　◆非常

4. ◆让女士先坐。
　◆学习时要认真。

5. 문장완성(참조)
　我一个月大概看两部中国电影, 最近看的一部中国电影叫不能说话的秘密^{mìmì, 비밀}, 主演是周杰伦^{Zhōu Jiélún, 주걸륜}, 我(喜欢 ／ 不太喜欢)这个电影。

15과 공항

　나는 오늘 그동안 아르바이트를 하며 모은 돈으로 중국여행을 떠납니다. 11시 출발 CA 124 편으로 북경에 도착하면 중국의 각 지방을 둘러보기 전에 북경대학에 있는 왕려를 만나볼 생각입니다. 한국에서 공부를 마치고 돌아간 그녀가 얼마나 변해있을지 정말 보고 싶습니다. 게이트를 통해 비행기에 탑승을 하니 정말 가슴이 두근거리고 설레였습니다. 북경수도공항 도착을 알리는 기내방송이 나오자 창 밖의 풍경이 눈에 들어 왔습니다. 짐을 찾아 공항 밖을 나오니 비록 날씨는 쌀쌀했지만 왕려를 만난다는 기쁨에 추위도 잊을 수 있었습니다.

◎ 연습 문제

1. X　　X　　X

2. 机场　旅行　起飞　风景　行李　温暖

3. ◆东京　◆鸡场　◆小时候　◆货舱

4. ◆开学之前要写完作业。
　◆她们俩说个不停。
　◆苹果看起来非常好吃。

5. 문장완성(참조)
　我(坐过／没坐过)飞机, 是从<u>首尔</u>到<u>北京</u>的, 用了<u>两个小时</u>。我感觉坐飞机<u>很害怕^{hàipà, 두려워하다}</u>。

第一课

一. ○   Ｘ   ○   Ｘ   ○
二. 韩   生   年   京   交
三. Ｄ   Ａ   Ｂ   Ｃ   Ｅ
四. 1.是   2.有   3.觉得
五. 1.一年级的学生。   2.我有一个新朋友。
    3.我们认识不久。   4.不错的女孩子。

第二课

一. ○   ○   Ｘ   Ｘ   Ｘ
二. 课   动   家   备   所
三. Ｃ   Ｅ   Ａ   Ｂ   Ｄ
四. 1.了   2.还   3.对
五. 1.这个学期我选了8门课。   2.每天回家做两个小时的作业。
    3.课程很有意思。   4.我们一起学吧。

第三课

一. Ｘ   ○   Ｘ   ○   Ｘ
二. 红   舍   场   筑   城
三. Ｅ   Ｂ   Ｃ   Ｄ   Ａ
四. 1.从　到   2.什么的   3.在   4.运动运动
五. 1.我每天去学校学习。   2.我的学校很漂亮。
    3.我喜欢校园里春天的花朵。   4.我也想去中国的大学校园看一看。

第四课

一. ○   Ｘ   Ｘ   Ｘ   ○
二. 但   净   典   猫   笑
三. Ｂ   Ｅ   Ｄ   Ａ   Ｃ
四. 1.着   2.但是   3.像
五. 1.很有中国味儿。   2.书桌上摆着书，词典。
    3.窗外有一排大树。   4.王丽拿出中国的小点心给我们吃。

第五课

一. Ｘ   Ｘ   ○   ○   ○
二. 或   志   试   紧   眼
三. Ｂ   Ａ   Ｅ   Ｄ   Ｃ
四. 1.也   2.可以   3.那边
五. 1.学校的图书馆。   2.二楼到六楼有各种各样的书。
    3.可以看书或者自习。   4.我买来一杯咖啡递给她。

第六课

一.	○	X	X	○	X
二.	种	般	队	菜	惯
三.	C	B	A	D	E

四. 1.又　又　　　2.就　　　3.就

五. 1.我一般午饭在学校吃。　　2.今天我们吃方便面吧。
　　3.味道好极了。　　　　　　4.习惯了韩国菜也就更喜欢韩国了。

第七课

一.	X	○	X	○	X
二.	比	行	近	空	胜
三.	B	C	D	A	E

四. 1.一　就　　2.果然　　　3.不仅

五. 1.乒乓球对抗赛。　　　2.充分发挥了水平。
　　3.乒乓球打得很好。　　4.必不可少的一项活动。

第八课

一.	○	X	X	X	○
二.	医	课	害	难	咐
三.	B	D	E	A	C

四. 1.正在　呢　　2.好在

五. 1.一直没有见到她。　　2.肚子疼得厉害。
　　3.我也很心疼。　　　　4.医生嘱咐先吃点药。

第九课

一.	X	○	X	X	X
二.	品	波	颜	校	糕
三.	B	E	D	C	A

四. 1.因为　所以　　2.然后　　　3.上

五. 1.到食品区逛了逛。　　2.看起来都很好吃。
　　3.不知道买哪个好了。　　4.美美地吃了一顿。

第十课

一.	○	○	X	X	X
二.	铁	西	较	衣	街
三.	B	E	A	D	C

四. 1.好　　2.些

五. 1.一起去买东西。　　2.买了一件浅橙色的 T-恤衫。
　　3.我买了一条牛仔裤。　　4.明洞和北京王府井大街有些相似。

145

第十一课

一. X ○ X X X
二. 打 暑 资 积 的
三. D B E A C
四. 1.的 2.不管
五. 1.暑假里我打了一份工。 2.工资也不算高。
　　 3.王丽有时候假装来买东西。 4.在店里故意左挑右捡。

第十二课

一. X ○ X ○ ○
二. 告 账 折 附 祝
三. E B D C A
四. 1.趟 2.把 3.忽然
五. 1.昨天公司老板来了电话。 2.我家附近有一家"国民银行"。
　　 3.我忽然想起王丽。 4.可以再给我一个一样的杯子吗?

第十三课

一. ○ X X ○ ○
二. 式 果 丽 相 赏
三. E A C D B
四. 1.一起 2.相比
五. 1.今天是中秋节。 2.丰盛的节日食品。
　　 3.用数码相机拍了好几张照片。 4.要上网发给中国的同学们。

第十四课

一. X ○ X X ○
二. 演 爱 仿 话 过
三. C A D E B
四. 1.时 2.时候 3.让
五. 1.在韩剧≪大长今≫里见过她。 2.全智贤非常漂亮。
　　 3.让我感到有些意外。 4.韩流成了中国人常聊的话题。

第十五课

一. ○ X X X ○
二. 场 飞 班 变 李
三. D B A C E
四. 1.之前 2.个 3.起来
五. 1.今天我去中国旅行。 2.我想先去看看北京大学。
　　 3.飞机上的两个小时过得真快。 4.北京首都国际机场到了。

김재민 金宰民, Kim Jae Min

- ●약력
  중국 푸단(復旦)대학교 중국언어문학연구소 문학석사
  중국 푸단(復旦)대학교 중국언어문학연구소 문학박사
  현 한양여자대학교 통상중국어과 교수

- ●주요 저서 및 역서
  『木刻八萬大藏經的祕密(원제: 나무에 새겨진 팔만대장경의 비밀)』(공역, 中國 浙江大學出版社, 2013)
  『朝鮮王朝儀軌(원제: 조선왕조의궤)』(공역, 中國 浙江大學出版社, 2012)
  『중국미인열전』(공저, 韓國 차이나하우스, 2007)
  『彗語(원제: 감성사전)』(공역, 中國 學林出版社, 1999)
  『扭曲了的英雄(원제: 우리들의 일그러진 영웅)』(中國 學林出版社, 1995)외 다수

정옌예 鄭彦野, Zheng Yan Ye

- ●약력
  한국외국어대학교 중어중문학과 언어학석사
  한국외국어대학교 중어중문학과 박사과정 수료
  현 성결대학교 중어중문학과 교수

- ●주요 논문
  「爾雅·釋宮」所反映的古代建築文化
  「從韓中女孩的名字看兩國文化異同」

감수

　　中國　復旦大學　中國古代文學硏究中心　周興陸　敎授

Lovely 중국어

ⓒ김재민·鄭彦野, 2014

1판 1쇄 발행__2014년 02월 25일
1판 2쇄 발행__2017년 02월 25일

지은이__김재민·鄭彦野
펴낸이__홍정표

펴낸곳__글로벌콘텐츠
　　　　등록__제25100-2008-24호

공급처__(주)글로벌콘텐츠출판그룹
　　　　이사__양정섭　편집디자인__김미미　기획·마케팅__노경민 이종훈
　　　　주소__서울특별시 강동구 천중로 196 정일빌딩 401호
　　　　전화__02) 488-3280　팩스__02) 488-3281
　　　　홈페이지__http://www.gcbook.co.kr

값 12,000원
ISBN 978-89-93908-99-2 03720